湾区之道

发展的机遇与挑战

何念◎编著

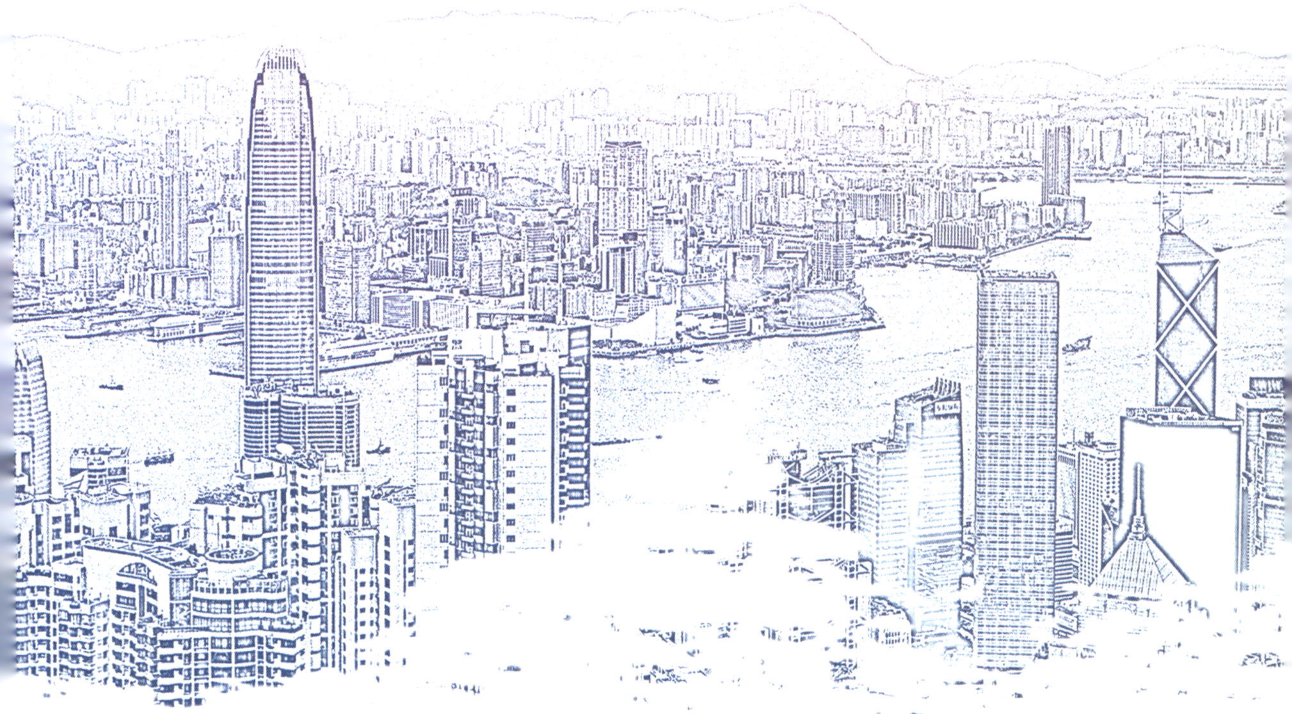

北京燕山出版社
BEIJING YANSHAN PRESS

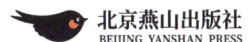

图书在版编目（CIP）数据

湾区之道：发展的机遇与挑战 / 何念编著. -- 北京：北京燕山出版社，2022.6
 ISBN 978-7-5402-6481-9

Ⅰ. ①湾… Ⅱ. ①何… Ⅲ. ①北部湾－经济区－经济发展－研究－广西 Ⅳ. ①F127.67

中国版本图书馆CIP数据核字（2022）第064172号

湾区之道：发展的机遇与挑战

编　　著	何　念
责任编辑	王　迪
封面设计	速溶综合研究所
出版发行	北京燕山出版社有限公司
地　　址	北京市丰台区东铁匠营芦子坑138号C座
发行电话	（010）65240430
邮政编码	100079
印　　刷	长沙市和一印刷设备有限公司
开　　本	787mm×1092mm　1/16
字　　数	142千字
印　　张	8.875
版　　次	2022年6月第1版
印　　次	2022年6月第1次印刷
书　　号	ISBN 978-7-5402-6481-9
定　　价	48.00元

版权所有　盗版必究

前言

  本书主要目的并不是告诉大家，改革开放以后中国发生了什么，广西的北部湾地区发生了什么。而是告诉大家，在面对新生事物时，如何站在国家战略的角度去思考、去严格推理，并运用经济学原理，关联经济理论现象。

  本书对研究"北部湾经济的开放开发"，具有重要的参考价值。

  川流不息的中国经济浪潮将广西的"北部湾"推向了改革前沿，让它从一个"老、少、边、穷"地区，逐渐变成大都市。

  作为一个西部边陲地区，北部湾不但拥有了"中国东盟经济特贸区""东盟博览会永久举办城市""联合国颁发最佳人居奖获得城市"等头衔，而且还是"一带一路"和"西部大开发"的桥头堡。

  同时，也让人们口中"落后"的广西，发生了翻天覆地的变化，犹如一颗璀璨的明珠，镶嵌在祖国的南疆。

  而"北部湾经济特区"这个崭新的区域，也正在引起全国乃至全世界的关注。广西在迎来新的发展机遇的同时，也正在以东方巨人的脚步，实现跨越式发展。北部湾经济特区的主要城市，正逐渐从穷乡僻壤走向世界，并逐步成为一个个与世界接轨的国际化大都市。

何念

2021 年 11 月

目 录

第一章 湾区及湾区经济的概念界定 … 1

第一节　湾区的界定 … 2
第二节　湾区的分类 … 4
第三节　湾区经济的定义 … 7

第二章 湾区及湾区经济的特点 … 11

第一节　湾区的特征 … 12
第二节　湾区经济的主要特征 … 16
第三节　形成湾区经济的必要条件 … 23

第三章 我国三大湾区经济发展的状况与经验 … 31

第一节　欣欣向荣的粤港澳大湾区 … 32
第二节　新经济崛起的杭州湾 … 52
第三节　三角经济带环渤海湾 … 65

第四章 风生水起的北部湾 … 84

第一节　我国湾区经济开放度对广西北部湾经济建设的启示 … 85
第二节　北部湾经济区开发（政策） … 94
第三节　北部湾经济区建设和泛北部湾区域合作 … 107

第五章 国内外发展湾区经济经验的思考与启示 … 129

第一章
湾区及湾区经济的概念界定

四十三载春风化雨，四十三年革故鼎新。

1978年，中国吹响改革开放的嘹亮号角，全国人民携手同心，以上下求索的精神，书写了硕果累累的华彩篇章。

如今，43年过去，中国制度环境和经济社会基础早已发生根本性变化。经济特区的沧海巨变和辉煌成就，举世瞩目。中国社会前进的步伐，也从政策开放走向制度开放，从外向型经济转向开放型经济。

如果说经济特区是中国改革开放的"开路先锋"，那么自贸区经济、湾区经济，则是"后起之秀"，正在中国经济发展的史书上奋力续写更多"春天的故事"。在改革开放再一次出发的铿锵足音中，自贸区经济和湾区经济正肩负着以开放促改革的功能与使命。其中，湾区经济更是近年来中国经济发展模式的"弄潮儿"。

湾区经济拥有先天优势——我国的湾区基本位于市场经济更发达、经济生态更完善、对外水平更高的地区。这些地区经过43年改革开放的积累，积淀了丰厚的财富资本和要素资本，拥有着完善的制度环境和市场环境。

在"十三五规划"和"一带一路"行动计划中，"湾区"这一概念首次上升到国家战略层面。在此大背景下，湾区经济不仅是一种新的经济模式、新的发展理念、新的开放思路，而且作为全面深化改革的载体，被赋予了时代内涵与历史使命，成为引领我国新一轮对外开放的区域经济新引擎。

第一节 湾区的界定

"湾区",英文名为Bayarea。广义上的"湾区"是一个地理概念,作为区域的一种表现形态。狭义上的"湾区"由于被人们赋予了更多经济内涵,具有经济地理及区域经济学方面的特定内涵。

对Bay(海湾)一词,世界上最权威的百科全书之一《不列颠百科全书》,将其界定为"由于海洋(或湖泊)移动而形成的海洋或海岸的凹洼处"。因此,海湾有明显弯曲的海岸线,以及被陆地环抱的水域。

百度百科上对"湾区"的释义为"从地理学角度,湾区泛指一个海湾或相邻的若干海港、港湾、临近岛共同组成的区域"。

由此可以认为,湾区是区域划分的类型之一,属于滨海区域的一种。是由海湾岸线、港口、港湾、岛屿、湾区平原等部分组成,且具有海岸线向地面内向凹进的地理特征。

中国海湾志对"湾区"的界定有补充说明:"湾区面积必须大于以湾口为直径的半圆,而湾口宽度一般不超过24海里。"

目前,世界上现有的湾区主要分布在亚洲、欧洲和北美洲的沿海地区。这些湾区除了地理特征符合上述界定外,还具有强烈的经济色彩。例如,所背靠的陆地为经济发达的城市、所处海湾的港口开放程度成熟等。因此,湾区通常有发达的港口群、发达的城镇群作为"标配",不单是自然地理区域的一种形态,更是一种开放的城市群空间。

国外的湾区大多数是一种自然情况下形成的状态,近年来,也出现了依托人造海湾港口打造湾区。世界上建设成熟的湾区不仅拥有着完善的交通网络、开放的经济制度、包容的多元文化、优良的生态环境,还能够整合区域内各大城市的各类资源,并在经济发展中逐渐完善区域内相关配套设施,不断完善产业布局,形成了体系化的产业分工。这些,都让湾区拥有着吸引高端企业和国际金融机构的超强魅力,并逐步带动区域内各大城市的经济发展，成为所在国家经济发展的动脉支撑。

在湾区区域内的各大城市，彼此之间存在强互补性，由于其规模差异通常不大，通过湾区的互通互达和交流合作，产生紧密联系，共生发展。

与内陆城市相比，湾区具有不小的优势。一方面，由于地处环海地带，湾区的城市污染程度更低，自然气候更加宜人，经济发展理念和区域文化氛围更为开放。另一方面，湾区背靠陆地上的经济腹地，并依托海湾港口的天然优势，国际化经济发展十分迅速，进而带动该片区形成"湾区经济"的效应。

综合各方面观点，可以将湾区界定为"由一个海湾或相邻的若干海港、港湾、临近岛及相邻城市群共同组成，具有较强功能协作关系和对外开放功能的城市空间"。

1-1 | "边陲明珠"，位于防城港的明珠广场

第二节 湾区的分类

全球范围内的湾区数以万计,绝大部分分布在亚洲、欧洲、北美洲的环海区域,形态也各不相同。从不同的角度,可将湾区进行不同分类。根据湾区面积大小,可将湾区分为小尺度湾区、中等尺度湾区、大尺度湾区和超大尺度湾区四类。根据湾区的自然地理形态,可将湾区分为全敞开湾区、半敞开湾区、链形湾区等。

一、根据包围海面的大小,进行分类

目前,世界范围内现有的湾区很多,面积较大的有240多个。根据湾区所包围海面的大小(或其区域面积大小),可将湾区划分为以下四类。

一是小尺度的湾区。这类湾区所包围的海面面积较小,指陆地所包围海面面积较小,有的甚至在5平方公里以下,最大的也不超过10平方公里。

二是中等尺度的湾区。这类湾区的海面面积宽度适中,陆地通常是由一个城市(行政区)或若干相邻城市的一部分空间组成,典型代表有胶州湾、大连湾等。

三是较大尺度的湾区。这类湾区的海面面积较大,通常由多个相邻城市组成,构成一个城市群或经济圈,典型代表有渤海湾、东京湾、旧金山湾等。此外,这类湾区的区域内通常还包括小面积海湾。例如,粤港澳大湾区就包含了深圳湾、维多利亚湾、斗门湾、大亚湾等若干个海湾区域。

四是超大尺度湾区。这类湾区面积超过100万平方千米,虽以湾区为名,但实际上已经是海洋的概念了。这类湾区的区域内不仅包含很多小型、中小型海湾,通常还包括不少国家,超出了单一国家的范畴。这类湾区的代表有孟加拉湾、墨西哥湾、哈德逊湾、阿拉斯加湾、几内亚湾等。

二、根据自然地理形态，进行分类

海湾的定义是"由于海洋（或湖泊）移动而形成的海洋或海岸的凹洼处"。湾区是一个海湾或相邻的若干海港、港湾、临近岛共同组成的区域。因此，根据其自然地理形态的不同，可将湾区分为如下四类。

一是全敞开湾区。这类湾区的海湾没有山峰、山峦等自然屏障。从视觉上看，海岸线几乎是完全敞开的，内部海湾和外部海洋之间开口很大，湾区口的直径也比较大，使得海面十分开阔，非常适合发展港口和对外经济。

二是半敞开湾区。这类湾区的海岸线有天然屏障，呈现被陆地环抱的平面布局，从视觉上看，像是半敞开的区域。半敞开湾区的内部海湾与外部海洋存在一定的分隔。

三是链形湾区。这类湾区呈现狭长的链条形状，滨海地区多为直线形或外凸的弧形。如北美洲太平洋沿岸的加利福尼亚湾。

三、根据经济地理维度，进行分类

从经济地理的角度看，湾区不仅仅是由一个海湾或相连的若干个海湾、港湾、邻近岛屿共同组成的海滨区域，还是依靠港口、海湾等特定自然条件进行各类生产活动和经济活动的城市群或经济圈。满足这部分功能内涵的湾区，主要为中等尺度和较大尺度的湾区。可将这部分湾区分为如下几类。

一是喇叭形湾区。这类湾区也可以被认为是全敞开型的湾区，海湾与内河相连，呈现内窄而外宽的布局。由于没有大型屏障，海面开阔，适合航船靠岸与停泊，也方便区域内的腹地城市对外开展经济活动。这类湾区的典型代表有杭州湾区、粤港澳大湾区等。

二是口袋形湾区。这类湾区也可以被认为是半敞开型的湾区。海岸线呈环抱形状，内部海湾与外部海洋相对隔离，彼此之间以海峡相连。因此，湾区口直径较窄。由于存在天然屏障，隔绝了极端海洋天气的直接影响。因此，海湾水面更为平稳。这类湾区的码头多沿口袋形海岸布置，容易形成面积开阔的天然良港。典型代表有东京湾区、旧金山湾区、波斯湾区等。

三是条带形湾区。这类湾区在自然地理形态上呈条带形。因此，码头依托内河或峡湾、滨海而建，沿岸极易产生商业生态；通过沿岸产业先一步发展，带动陆地腹地城市与其他城市相互联动，形成沿海产业轴带。根据不同地形特征和各类要素禀赋差异，湾区内可布局不同产业要求的港口。这类湾区的典型代表有悉尼湾区、曼哈顿湾区等。

四是蟹肚形湾区。这类湾区的海湾包围海面凸入内陆较深，内河与外海几乎连为一体，湾口直径较大，湾区两端距离较远，中间的区域则面积较大，海岸线长而腹地广，有蟹肚形的视觉观感。这类湾区受海洋气候影响较大，港口之间的联系相对较弱。这类湾区的典型代表有渤海湾区、北部湾区等。

1-2 "边陲明珠"上的关于"西湾跨海大桥工程"记录

第三节　湾区经济的定义

从上世纪 80 年代开始，"湾区经济"这个概念开始被人们所关注。世界上一流的湾区经济多见于西方发达国家。湾区经济不仅对本国的经济发展和对外开放起到了推动作用，也在世界经济的大舞台上发挥着不可替代的作用。以纽约湾为例，通过对港口、城市群以及海洋航道进行统一布局，形成了以纽约为核心、以周边城市为支撑的开放型经济体系，引领了美国东部对外开放的程度与进程。有统计资料显示，目前，全球经济总量的 60% 以上集中在入海口。在世界著名的特大城市中，港口城市占比达九成，这些地处湾区的"龙头都市"作为一个个经济增长极，带动了全球经济的飞速发展。

一、湾区经济概念的内涵

对于湾区经济的定义，迄今为止，还未有公认的权威界定和统一诠释。虽然从地理空间的角度来看，湾区是湾区经济的现实载体，但实际上，有自然湾区的地方，不一定具备湾区经济。

从前文对湾区的界定中不难明白，在"湾区"二字中，"湾"即自然形态的海湾及滨海区域，"区"即背靠滨海有利条件的联动港口、城市而形成的广大腹地。湾区不仅是地理概念，更有其经济内涵，湾区内的港口、城市、城镇一定从事着各类经济活动。随着区域内市场经济的发展壮大，其交通系统不断完善，信息网络不断发达，区域内的港口城市与内陆城市交流联系不断紧密，从而形成一个多核的经济圈，这种一体化经济就是湾区经济。

中国（深圳）综合开发研究院研究员认为，由于湾区本身的独特地理区位条件，"从而具有较强的资源和产业集聚能力，由此衍生的经济效应，就可视为湾区经济"。

金融学方向研究学者查振祥认为，湾区经济不仅仅是指在湾区内进行经济活动，而是具有更丰富的功能内涵——通过发挥龙头作用，形成与周边经济圈或城市群在经济、文化等方面的深入互动。这种具有独特优势的经济发展模式，称之为湾区经济。

在深圳市委党校副校长谭刚和深圳市委党校决策咨询部主任申勇共同撰写的《粤港澳大湾区：打造世界湾区经济新高地》一书中，将湾区经济定义为"依托共享湾区形成的港口密集、产业集聚、城市群集的开放型区域经济的总成"，具有"拥海抱湾连群"的特征。

颜小将认为，湾区拥有江河、港口、腹地、优良海岸线等自然禀赋要素。在这些要素的综合作用下，湾区对当地经济发展"具有裂变扩张的乘数效应"。在这种乘数效应下发展起来的经济就是湾区经济。

从以上论述中可以总结出湾区经济的地理特征、现实载体与核心功能，从而对湾区经济的内涵有更深入的理解。

湾区经济的地理属性十分独特——它必须存在于沿海或海滨地区，且必须由若干个海湾组成，没有海湾的经济形态就不能称之为是湾区经济。

湾区经济的现实载体十分明晰——小尺度的湾区无法实现大体量的经济活动，必须有若干个城市或地区组成城市群或经济圈，各城市以及地区之间因为共享湾区而紧密联系，成为湾区经济的承载载体。

湾区经济的核心功能十分清楚——不仅仅是个人在其区域内进行普通、单个的经济活动，湾区经济必须有较为完善和发达的产业群，通常由一个或多个产业的产业链上下游企业构成。分工明确、完善协同的产业群是湾区经济的核心内容，若没有这样的产业群，也不能被称为湾区经济。

二、湾区经济与其他区域经济形态

湾区既有优良的海岸线和海湾等海洋自然要素，又有内陆腹地城市、港口等陆地自然要素。因此，湾区经济与普通城市经济群、普通沿海开放经济之间，既有共性，又有差异性。

与普通城市群相比，湾区经济最大的不同在于其以港口经济为基础，港口群在其中发挥着至关重要的作用。除了拥有普通城市群所没有的海运优势之外，湾区经济还

1-3 | 广西壮族自治区钦州市人民政府

能够凝聚更多城市的开放和发展合力,形成城市群、产业群、港口群并存的开放式经济形态。

同时,湾区经济一般是由多个优势互补的城市或港口所组成的区域经济。它比普通城市群所包括的城市群规模更大,城市与城市之间的交流更密切,并非简单的"1+1"合作,而是"N×N"的乘数效应,可以视作是一个或多个普通城市群在经济圈层方面的效应叠加。从地理空间角度来看,湾区经济的各城市之间,经济距离与地理空间距离相对更近。因此,集聚效应更为明显,辐射作用也更加突出。

此外,在普通城市群经济中,城市间的界限非常明晰。若其中存在经济尤其发达的特大城市,可能会出现"虹吸现象"。而湾区经济则更强调区域内资源的整体优化配置与整合,更侧重城市之间的产业分工和协调协同,实现公共服务均等、基础设施互通等融合发展。

湾区经济与沿海开放经济具有更多共性。例如，在地理空间上都处于沿海地区或临近海洋，有临海海运便利优势和各种自然禀赋条件，但二者之间依然存在差异。最主要的差异在于其城市集聚和开放程度。普通沿海经济的城市一般呈点状分布，而湾区经济的城市则呈带状分布或网络状分布。因此，湾区经济能够将更多城市集聚在一起，更强调发展要素的聚集与外溢，更容易形成开放和发展的最大合力。

因此，一方面，湾区经济比起城市群经济，具有海运优势和城市集群优势；另一方面，它比普通的沿海经济又具有更大的开放能力。湾区经济可视为"城市群经济＋沿海经济"的叠加，是一种独特、独立的经济形态。

综上所述，湾区经济是以海湾自然条件为基础、以海湾及其港口、城市、岛屿为依托而发展形成的一种独特的区域经济形态。它坐拥更为有利的地理位置、海洋通道和港口资源，具备更为高效的集聚外溢功能，拥有更高程度的经济开放水平、更加完善的产业布局。

从经济发展的视角来看，湾区经济的经济结构更加开放，其发展要素的集聚外溢功能更加强大，其国际经济交往网络更为发达。从营商环境的视角来看，湾区经济一方面连接对内腹地，一方面拓展对外交流，交通和信息网络十分发达。其天然和开放属性吸引了众多招商引资进入；其开放包容的多元文化，也使得湾区经济备受国内外广大人才的青睐。

第二章
湾区及湾区经济的特点

20世纪60年代以来,全球掀起了滨海湾区建设的浪潮。美国的纽约湾、旧金山湾;中国的胶州湾、大连湾、环渤海湾、粤港澳大湾区;日本的东京湾,孟加拉湾、墨西哥湾、哈德逊湾、阿拉斯加湾、几内亚湾……在世界地图上,一颗颗耀眼的经济之星被依次点亮。这些湾区利用有利的海湾资源条件,结合科学合理的规划设计,承载起整合区域资源和提升区域发展水平的重要作用,正成为这些地区经济发展的中流砥柱,既是当今国际经济版图上亮眼的明珠,又是世界先进滨海城市的代表性标志。

这些湾区的形态、规模、产业结构与发展状况各有不同,但对其现状进行分析,不难发现它们拥有诸多共性。例如,在地理空间维度上都具有"拥湾抱海"的独特特征,这让它们区别于一般滨海经济圈,并且还具备"向海发展"的空间形态和陆海统筹发展的空间格局。

作为湾区衍生的经济效应,湾区经济具有创新、开放、协同的特征。它的集聚外溢功能相当强劲,同时还拥有高效率的资源配置能力和发达的国际交往网络。这将促使其持续创新,不断开放,协同发展,并成为区域经济发展中最亮眼的一环。

第一节 湾区的特征

一、世界湾区的现状

位于美国的纽约湾区是世界上著名的"金融湾区"。该湾区处在国家的经济核心地带，包括31个州县。例如，纽约州、新泽西州、康涅狄格州等；面积达到33484平方公里，人口超过6500万，占美国总人口的20%；城市化水平也十分高，超过90%；制造业产值占全美的30%以上。纽约湾区不仅是美国经济发展的中心之一，也成为了世界金融领域的核心枢纽、世界航运的中枢，在世界范围内被誉为"国际湾区之首"。

2-1 | 广西壮族自治区钦州市的园博园

纽约湾区的核心之一，是大名鼎鼎、被誉为"世界金融心脏和中枢"的华尔街。它的金融产业非常发达，并拥有众多的银行和证券交易所，包括举世闻名的纳斯达克证券交易所和纽约证券交易所和花旗银行、美国银行等6家大银行，金融公司、证券公司以及期货、保险、外贸等公司和机构近3000家。据统计，在2016年的GDP中，来自金融、保险、地产和租赁产业的GDP达547371亿美金，已占纽约湾区GDP总量的三成以上。而旧金山湾区还有一个名字叫"科技湾区"，这是因为它拥有加州伯克利、斯坦福等20余所知名高校，而湾区内的科技企业更是数不胜数，Google、AppleInc、Facebook等互联网巨头全球总部也位于此，科技发展迅猛。旧金山湾区专利申请量位居美国首位，2015年达到24350件，是纽约地区的3倍多。

被世界公认为是"产业湾区"的东京湾区位于日本，不但拥有京叶、京滨两大工业带，而且还有着十分发达的产业，包括石油、钢铁、化工等实体制造业。当然，其现代化产业。譬如，现代物流、现代装备、智能制造、高新技术等产业同样十分发达。据统计，该湾区的第二产业占全区GDP比重达16%，一些著名的制造业企业总部也在此扎根。比如，三菱、丰田、索尼等，制造特点鲜明。2010年，东京湾区实际GDP为198兆日元，占日本GDP总量已达到38%。

目前，旧金山湾区、东京湾区和纽约湾区是已有的世界三大湾区，而北部湾、杭州湾以及粤港澳大湾区是我国现在及未来重点打造的经济湾区，将在世界经济版图中闪亮登场，并占据重要位置。

尤其是粤港澳大湾区也可以称为"开放湾区"，因为它连接了我国的大陆、香港和澳门三个地区，并有两种制度和三种语系，是新时代中国进一步全面开放的新举措。在深化内地和港澳交流合作进行优势互补的过程中，粤港澳大湾区也必将创造更为辉煌的开放经济。

二、湾区的特征

拥海：湾区的地理特征十分显著，岸线很长，腹地广阔，形成一块向内陆凹入的天然避风区域，达到"拥海"特征。这块内陆区域，地理位置特殊，而且优势明显，能够直接和海洋形成连通，所形成的入海口则成为海陆联动的重要"分岔口"。所谓"通向世界的海上高速公路"也由此诞生，它不仅具有更加开阔的发展场地，而且能够实现连通世界各地的重要作用。

抱湾：对任何一个国家而言，海岸线都是它连接全世界的渠道，因此也奠定了湾区的重要地位。因为相较于其他地理位置，湾区能够在一个较小的地理范围内形成一条较长的海岸线，它创造的资源是无可比拟的。

这条长长的海岸线在经历了漫长的自然冲刷洗礼后，慢慢将土地曲折地圈成一块较为狭窄的地理空间，最终形成湾区形态。这就使得湾区不仅能够拥有较长的海岸线，而且还有一块相对内陆空间（环湾区），能够给人类提供集群空间，布局港口、产业、居住等。由于这块区域相对较为狭窄，所以城市之间、区域之间的物流运输成本自然而然能够降下来。对一些海洋周边国家的城市来说，没有什么比这块海陆交汇处更适宜居住和发展。也正因为如此，湾区很容易聚集各种生产要素和经济资源，并吸引和汇聚大量的资金、技术、人才等。此外，还可以看到，伴随着经济全球化的深入推进，国际间贸易的日益深入，湾区这种聚集能力所带来的价值更加凸显。

放眼全球，我们可以发现，像美国、日本、英国等湾区十分发达的国家，与之相对应的湾区中心城市纽约、东京、伦敦等聚集着全世界都向往的人才、资金、技术。从这些城市出发，一批新的都市圈集群也在慢慢诞生。例如，美国的纽约湾区，就形成了以纽约为中心，联动华盛顿、波士顿等城市的城市群，而在日本的东京湾区，则形成了以东京、大阪、名古屋为重点的城市群……这些生动的现实都充分地证明了湾区经济是未来城市发展的趋势，也充分论证了湾区经济的聚集能力是多么强大，对城市群的打造是多么具有价值。

合群：上文提到了以湾区中心城市为重点，联动其他城市形成城市群的发展现状，这也是湾区在经济概念上最显著的特征——"合群"。也就是说，随着湾区的逐步发展，湾区内中心城市能够联动甚至是带动周边的城市、港口，形成圈层群。比如，港口群、产业群、城市群等。合群的出现需要一定的时间和积累，首先需要湾区利用其自身先天条件创建起港口群，随着港口群的落地、建成和发展，能够带来无数的国家贸易和往来，大大增加了港口商品的进出口数量。在一来一往中，会产生许多以进出口为营生的贸易企业。这些企业凭借港口的有利条件，能够从一些原料低价的国家进口后加工生产，然后出口到另外一些国家，从中赚取高额利润差。随着这些企业的数量越来越多，则必定会产生产业集聚，而这些产业群的产生则伴随着大量人口的拥入，如工作、移民、居住……港口、产业、人口都发展起来了，就形成了湾区从湾区城市到湾区城市群的"合群"化。由此，可以总结出一条"港口群—产业群—城市群"的演变路径。在这个发展演变过程中，湾区或者说海湾发挥着不可替代的作用。因此，它与内陆城市群有着显著区别，并成为湾区的主要特征之一。事实证明，在这样的演变路径下，也会产生庞大的叠加效应，带来巨大经济效益，创造庞大的经济财富。

2-2 | 广西壮族自治区钦州港孙中山铜像底座的浮雕

第二节 湾区经济的主要特征

湾区具有区域空间网络化、开放化的发展特点，城市间的集聚吸引和扩散辐射功能相互作用和交织。在都市圈经济和港口经济等多重形态的整合聚变下，湾区经济超越了行政区经济概念，除城市群经济和都市圈经济的共性特征外，湾区经济在空间格局和产业发展方面都存在个性特征。

一、湾区经济的空间格局特征

纵观国内外主要湾区，可以发现，湾区拥有其他都市圈或城市群所不具备的"向海发展"的空间形态，城市间的行政边界逐步模糊。湾区环湾抱海的地理结构，使得区域次第相连，呈现半环状特征，城市间接壤或隔海相望，相互接壤的城市可构成通勤都会区。通过跨海大桥、隧道等，隔海相望的城市也可变成近邻。由于带状或环状的地理布局，港口城市辐射能力随距离的远近而不同，由此会产生一个以上的基于港口发展而成的中心城市。通过交通、信息网络使区域城市之间更易发生"化学反应"，最终形成一体化的空间发展格局。

（一）打造向海空间布局

湾区"拥湾抱海"的独特特征，促使湾区经济布局首先是临海经济空间布局，形成滨海生产生活空间、湾区自然景观、人文历史景观和人造环境景观的有机融合。湾区之所以更易集聚高端要素资源，湾区优越的自然生态环境、突出的生态环境容量、优美的滨水景观资源是其重要成因。

海湾空间的环抱和半环抱形态，使中小尺度的湾区内居民较易产生强烈的湾区空间归属感，湾区开放空间和路网结构对湾区的亲水性、可达性十分重要。纽约等湾区的滨海空间，都是以商业、居住、旅游等功能连接的城市核心生活区，而不是港口码头、仓储物流、船厂工业等生产区。这样的功能布局，既有历史发展的原因，更有规划控制的效果。

由此，通过观景和海上活动的方式，推动滨海和海上生产生活的空间布局，构造向海空间形象。根据湾区空间整体原则和空间可达原则，应突出海洋特色的塑造、促进港口、临港工业、远洋产业之间的优化布局，加强环湖填海区域的控制，适当转移湾区无法满足空间需求的产业。湾区两岸的交通联系是促进湾区经济优化布局的重要手段，强化湾区内外的交通网络和景观构造，对优化湾区经济布局作用十分明显；应突出滨海环湾大道、高速公路、城际轨道的串联组织，注重各组团板块间产业布局的有机联系。

此外，湾区的空间特征有助于其打造湾区独特魅力空间。海岸线开放的深度，影响海湾对内陆的腹地面积，影响滨海地区对湾区城市的辐射价值。富有特色的湾区开放空间成为了湾区的高品质休闲和旅游资源，也形成了湾区最有活力的片区，从而提升了湾区的宜居水平。

湾区曲折多变的海岸线形成丰富的自然景观和多样的产业布局，湾区内的水体是海上活动和观景的最大载体。湾区的历史人文景观具有极强的海域特色和本土特色，是湾区独特的文化底蕴。

作为具有独特地理形态的滨海区域，对引领陆海的发展、善用陆海空间尤为适时和迫切。通过对湾区陆海生产生活空间的营造或再建，实现以湾兴城，以产促城。在港、产、城融合发展中突出塑造优美的湾区景观格局，提升湾区宜居宜业的价值。

（二）构造港产城融合发展格局

湾区起源于港口经济，随着信息化程度的提高和产业结构的不断调整，湾区历史上形成的单一城市功能布局和内向空间结构形式，已不能完全满足现代生活的需要。湾区内的港口城区等历史空间则因缺乏商业、文化、娱乐等设施而失去了应有的吸引力，需要在新的湾区规划中，对港口、城市、产业、滨海空间一体化进行调整优化。

通过混合使用功能规划，将商业、旅游、居住等各种功能合理安排进湾区空间，保持湾区空间的多样性、公共性和延续性。在湾区的城市更新中，应尊重原有的湾区港口等老城区的城市格局和肌理，保留特色街区街坊，更新历史滨水设施，转变传统"功能分区思维"；重塑湾区空间节点和湾区场所精神。

2-3 | 广西壮族自治区钦州港孙中山铜像

（三）塑造湾区优美城市群

湾区天际线是湾区城市功能与文化内涵的重要体现，是湾区空间序列的外在表现，应注重湾区天际线的整体塑造，利用集群效应形成视觉中心。湾区滨海的建筑高度，由临海界面向后逐步形成梯漫、建筑位置后退依次增高建筑高度，以丰富天际线层次，彰显湾区滨海城区的优美城市形象。突出湾区海陆空间的"共享"原则，对海岸线进行退让，保护特有的滨海景观。湾区城市形象可充分考虑空间的通透性和景观的时空连续性，营造安全友善的湾区滨海空间。

二、湾区经济的产业发展特征

（一）集聚外溢，促进持续创新

在工业文明和海洋文明主导发展的时代，各类资源更易向港口和湾区集聚，从而产生更强大的集聚发展能力，促进了港口和湾区的产业集聚和经济繁荣。而随着经济全球化的发展，港口城市作为国际贸易中心、航运中心的作用日益明显，推动了更多物流、信息流、资金流、人流交汇，从而形成了"增长极"。同时，湾区在技术、成本势能落差的作用下，依托区位条件，可以更好地溢出知识、信息、资本等发展要素，产生出外部溢出效应，有利于促进新兴工业的产生，加速信息的传播，增加产业门类和产品数量。

在集聚外溢中，湾区能够汇集较新的信息和人才资源，从而激发创新活力，并催生更多的创新机构，涌现更多的创新成果。同时，创新反过来又增强了湾区的发展动力，在不同发展阶段促使湾区能够保持领先地位。如能率先形成依托大规模港口运输的临港工业，使大规模制造成为港口城市新的生产形态。在临港工业发展中，贸易、金融等新兴业态较易率先形成并发展，并逐渐成为湾区城市的主导产业。通过不断的产业和技术创新，使湾区能引领地区乃至全球的产业发展方向。

湾区经济的集聚外溢，对促进持续创新的特征体现十分明显。纽约湾区的主要产业是金融保险业、科技服务业、医疗保健业、批发零售业、房地产业。其中，新兴产业对创新的要求较高，反过来，这些产业支撑着整个湾区的创新性。纽约湾区拥有全美最大的500家公司的1/3强。而纽约及其附近有56所世界级的大学，就近为纽约湾区的科技创新提供了源源不断的动力，激发了大中小企业的活力。

东京湾区的主要产业是制造业、金融保险业和通信传媒业、服务业、批发零售业、不动产业。其中，高端制造业，尤其是智能化方面，在全世界具有领先地位。东京湾区总部的创新能力很强，三菱、丰田、索尼等一大批世界五百强企业在科研方面的投入巨大，成效显著。

（二）开放多元，促进宜居宜业

湾区依托港口，通过海运带动国际经济和贸易，推动了大规模的产业集聚和城市扩展。在不断扩大的货物贸易中，湾区更易成为对外开放的门户，更需要建立与世界经济接轨的规则体系，并在国际经济活动中扮演更为重要的角色，较早形成外向型产业发展格局；在参与全球竞争和合作中，较早赢得先机，融入全球经济体系的程度相对更高。湾区城市在开放发展中，集聚了大量的外来人口，成为不同文化交融的窗口，易于形成不同于一般内陆地区的且更为开放包容的移民文化。

湾区独特的宜居宜业的生态环境，与开放的多元文化易产生良好的"化学"反应。湾区的优美风景形成了优良人居环境的基础，良好的城市规划设计，形成了更为便捷的交通条件和完善的配套设施，又进一步提升了湾区的宜居水平。而发达的信息交换、高效的要素流动，有利于促进湾区投资创业的集聚和活跃，从而形成宜居宜业的强大吸引力。以旧金山湾区为例，其开放性主要体现在跨国公司和多元文化上。旧金山的大型跨国公司主要是信息产业。例如，雅虎、苹果、谷歌。因为文化丰富多元，所以旧金山湾区又具有美利坚合众国"民族大熔炉"之称。在某些区域，亚洲人口的密度甚至位居美国第一。正因为如此，旧金山湾区拥有包容开放的市场环境，人居环境也更为包容和宜居。再加上拥有众多公司，能提供海量的工作机会和岗位，使得旧金山湾区成为世界各地外来人口的聚集地，从而进一步汇聚更多民族文化的交流。对反哺湾区的开放和创新发展，形成良性循环。

（三）区域协同，促进互补发展

湾区内的港口与港口之间、港口与城市之间、城市与城市之间、沿海与腹地之间，物流、人流、信息流、技术流等更易在最短的时间内完成配置和投放。企业的经营效率、人员的工作效率因此得以提升。同时，也使湾区城市网络效应得以充分显现。湾区能形成更大的商品和服务市场，并提供更专业化的劳动力、更全面复杂的电力和通信网。湾区内新兴的次中心能够缓解原港口中心的城市人口、交通、环境、住房、就业等方面的压力，同时充分发挥各次中心的相对优势，从而提升整个湾区的运行效率。

在湾区中心城市和周边城市集聚外溢的发展进程中，各城市之间更需要形成紧密依存、港口共同发展的关系，促使内部经济发展一体化趋势加速推进。广阔腹地的工业产品需要通过港口销往世界各地，腹地的货物也须通过港口才能更便捷地运到海外，

2-4 ｜ 广西壮族自治区钦州市与泰国龙仔厝府友谊树纪念石刻

这就让腹地和港口形成了互为依赖的关系。湾区城市伴随着港口功能的提升而不断发展，需要与区内其他城市实现功能互补和错位发展，推动产业链共同向高端攀升。为此，湾区内部产生了协同发展的强烈需求。区域内政府通过法规规划及政策推动协调发展等手段，以避免同质化发展和局部不充分发展。

总的来看，湾区主要以支柱产业为龙头、以腹地配套产业为支撑，能够创造一个比较广阔的集聚区。而在其腹地内部的产业群既能够生产、创造海量工业产品，又能通过港口运送到世界各地。港口枢纽与制造腹地的有机结合，促进了湾区经济的形成和发展，并通过集聚能力产业强大的"虹吸"效应，成为区域发展的"增长极"。湾区的港口物流业是湾区经济发展的重要支撑，而越发壮大的金融业则支撑了湾区及腹地产业集群的升级转型。优越的地理区位、繁荣的港口经济、大规模的制造、强大的金融能力和创新能力等多重元素的叠加，在推动湾区在一国一域经济增长中，更能发挥引领作用。

第三节 形成湾区经济的必要条件

纵观世界几个著名湾区。例如，旧金山湾区、纽约湾区、东京湾区，可以总结出形成湾区经济的必要条件。其中，作为世界上就业密度最高的地区、全球公交系统最发达的区域，位于美国的纽约湾区还兼具世界金融中心、世界商业中心、国际航运中心等重要中枢功能为一体。而东京湾区在日本的地位更是十分重要，它的人口占全国人口的 1/3，GDP 占全国的 2/3，工业产值则占到全国的 3/4，可以说是日本最大、也是最重要的城市群，承担着日本商贸中心、交通中心、金融中心的重要作用。旧金山湾区则汇集了高新技术产业、国际贸易产业以及文化旅游产业，再加上其风情独特的自然景观、包容宜居的居住环境，使得它吸引了大量的科技企业和科技人才，因此也是世界著名的科技湾区。

多年来，我国对湾区经济的重视程度与日递增，最吸人眼球的是粤港澳大湾区。同时，对北部湾、杭州湾等湾区的发展，国家也提出了新的战略构想，并正一步步落地生花。如今，无论是探索区域合作还是思考战略转型，对我国沿海城市来说，湾区都将是一个重要的议题。通过这些湾区的发展历程，可以一窥湾区经济的演变进程及形成湾区经济的必要条件。

一、湾区经济发展的演变进程

湾区经济呈现一体化的区域发展格局，是通过发达的网络将港口城市及周边城市连为一体。在不断增强内部密切联系的同时，也不断增强与外部的商品和生产要素的交换，形成区域内产业和功能的互补，从而不断增强技术创新能力和产业高级化能力，以及产业组织功能。由此，推动空间形态和产业形态的持续演进。

（一）空间形态维度下的湾区经济演变进程

湾区经济伴随港口功能的提升而不断延伸拓展、调整优化，从区域空间结构演变角度，主要是"以港兴城，港为城用，港以城兴，港城相长"。其发展历程大致包括以下四个阶段。

第一，初期阶段。临港城镇通过港口产生对外联系，进出口贸易活动开始并产生了临港工业，港口城市职能外向化迅速发展，城区逐步向外扩展。

第二，起步阶段。临港产业的不断发展，催生了临港的区域商业中心。区域中心城市涌现，使得区域综合交通体系逐渐形成。港口中心城市与外围次级城镇通过交通轴线的传递辐射，形成经济协作关系，并促使向心集聚趋势明显形成。

2-5 ｜ 广西壮族自治区钦州市与泰国龙仔厝府友谊树纪念石刻

第三，快速发展阶段。港口城市的直接产业和关联产业迅速发展并形成乘数效应，以港口城市为中心，通过交通轴线联系广阔腹地，进而形成多个中心城市。通过产业空间的分工和重构，城市规模不断扩大，各城市动能在湾区整体框架下重新定位。

第四，稳定繁荣阶段。湾区中心城市产业直接服务整个腹地范围，湾区腹地内的次中心城市也成为服务于各自区域的中心，并逐渐形成庞大的城市群。创新、科技、金融、服务等要素成为湾区经济发展的持续动力，各城市形成新的竞合关系，从而达到更高水平的动态平衡。

2-6 | 广西壮族自治区钦州市的梦圆广场

（二）产业形态维度下的湾区经济演变进程

第一，港口经济发展阶段。即以装卸和运输为主导，它所有的经济活动都受到很大的运输限制，因此范围通常都局限在港湾的内部。早在20世纪50年代，湾区经济就开始发展，但是由于当时的社会生产力水平有限，经济水平较低。因此，湾区经济活动也十分有限，只在交通运输方面发挥其港口的优势。比如，通过港口连接海陆之间不同的交通方式来实现货物物流运输，这意味着当时湾区经济的形式很单一，仅限于海湾运输，港口转运、装卸、仓储，以及为一些船舶提供服务、修理等商业形态。这个阶段，湾区经济其实是港口经济，比较单一，对湾区经济发展的推动作用也比较小。

第二，工业经济发展阶段。以临港工业为主导，从湾区腹地延伸至湾区外部，而湾区城市则起到了制造中心的作用。从上世纪50年代到80年代，世界经济交流进一步加强，湾区的国际贸易也更为频繁。在经济推动下，湾区港口的功能也日趋完善。随着大量人才、企业在湾区内集聚，湾区内的各个城市开始飞速发展、兴盛、繁荣，从而进一步推动临港工业的发展，使得经济活动再次外延，并拓展到了湾区周边区域。

第三，服务经济发展阶段。以服务业为主导，这个阶段湾区内的经济活动不再局限于湾区内部，而是拓展到了周边区域，原来的湾区城市也不再是一座孤立的城市，而成为了区域中心，并逐步发展成为该区域甚至是全球进行资源集聚和再分配的重要节点。这个阶段，全球范围内的经济交流十分频繁，也促进了临港工业和对外贸易的发展，在湾区内催生了一批新兴业态。而临港工业由于污染等原因，不得不进行产业转移。因此，也使得工业所占比重开始下降。而一些艺术设计、传媒广告、金融保险等第三产业开始在城市集聚发展，工业不再是湾区经济的重心，服务业开始逐渐占据更高比重。此外，中心城市对周边区域的辐射带动也更加明显。

第四，创新经济发展阶段。我们都知道，自上世纪80年代以来，全球的计算机以及信息产业发展十分迅猛。湾区也抓住这一时代机遇，在网络服务、计算机制造、数字金融、供应链管理等多个方面加快布局，形成了以信息产业及其衍生产业为主要内容的创新经济发展，极大地拓展了湾区经济活动范围。湾区内部多个港口、多个城市之间的联动发展，使湾区经济超越了中心楼市的概念，经济发展的网络化、多极化、多元化趋势更加明显。

上述四个阶段不是非此即彼的关系，可理解为外延的不断拓展和内涵的不断提升。因此，可以得出湾区经济起源于港口经济，壮大于工业经济，受益于服务业经济，得益于创新型经济。港口枢纽与制造基地相结合是湾区经济发展的前提，要素汇集、创新引领是湾区经济发展的关键。

二、形成湾区经济的必要条件

中国宏观经济研究院的盛朝迅，曾简要阐述了形成湾区的几个条件。他认为，湾区经济的基本组成要件，是必须具备发达的港口城市和优越的地理条件，这是构成湾区城市圈的基本单元和基本要素。此外，湾区经济作为一个经济概念，必须具备集聚扩散的产业群，才能够有动力产生湾区经济；必须具备一个强大的核心城市来进行牵引其形成发展；必须具备完善的创新体系来支撑其持续、高质量的发展。盛朝迅还认为湾区经济内产业的集聚扩散，不能缺少高效的交通体系。因此，成熟的交通配套也不可或缺，这是湾区经济发展的重要支撑。此外，他认为合理的分工协作、宜人的居住环境、完善的协调机制都是成熟的湾区经济必须具备的条件。

上述的几个条件，可视为成熟的湾区经济"标配"。但对于一个新兴湾区而言，其产生却不是必须具备这几个条件，只要在地理位置上拥海抱湾、具备共享湾区这一前提，同时拥有对外开放的政治经济生态和区域合作的战略发展目标，该湾区就能初步衍生出湾区经济这一集聚经济效应。因此，形成湾区经济的必要条件有如下三个。

（一）基础条件：开放共享的湾区

湾区需要有港口群、城市群、产业群，才能够形成成熟的湾区经济，才能够实现湾区经济发展，而这有一个基础条件，那便是必须具备一个共享湾区；只有环绕这个共享湾区，才能够形成上述所有集群。

一方面，必须先围绕一个湾区形成。以旧金山为例，最早，湾区的经济发展和城市布局主要围绕这座城市重点展开，然后才是逐步开始发展圣荷西市等城市。

另一方面，这个共享湾区必须条件优越，最好是国家的入海口。水曲要具备一定的面积，能够保障大货轮的穿行，且在这里能够建设多个深水港口。否则，就无法开展各项物流、转运等经济活动，也就无法形成湾区经济。例如，位于墨西哥的加利福尼亚湾，该湾区的南北两部分距离十分狭窄，无法满足大货轮穿行。因此，即使该湾区在水深、区域、位置等各方面条件都很好，也无法形成湾区经济。直到如今，该湾区仍旧没有发展起来。

（二）前提条件：对外开放的环境

拥有了优越的地理条件和共享湾区，就有了一个湾区经济形成的基本载体，而仅仅有地理上的条件是不够的，必须有开放的经济，才能够形成湾区经济。以英国为例，英国是世界上最早衍生湾区经济的国家之一。作为一个海洋国家，英国拥有最基本的地理条件，然而英国的湾区经济直到19世纪80年代左右才开始萌芽。正是因为英国在18世纪开始推行工业革命，才促进了国际贸易发展。而愈加频繁的贸易交流使得英国不得不扩大对外运输的同时，开始思考如何利用本国优越的领海资源发展对外贸易。据资料记载，那段时间，英国共诞生了7个湾区经济体。在全国的对外贸易中，这些湾区内的港口发挥了重要作用。

开放对于区域经济来说十分重要，而对于对外贸易频繁的地区来说，更是经济发展必不可缺的前提条件。如果一个区域长期处于封闭状态，那么即便先天条件再优越，形成湾区经济的可能性也不大。例如，同样都是位于东亚的朝鲜和韩国，这两个国家都位于朝鲜半岛，其沿海资源、湾区区域也相差无几；然而前者一直闭关自守，直至今日也没有形成湾区经济；后者却实行了对外开放政策，使得沿海经济取得了不错的成绩，釜山、仁川这些大城市在世界上都有一定影响力。

（三）保障条件：密切的区域交流

除了上述的基本和前提条件外，湾区经济的形成还必须有密切的区域交流作为保障条件，它包含了以下内容。

首先是湾区内部必须交流密切，无论是在港口、产业方面的密切交流，还是在交通、文化、政策等方面的互联互通，都是实现湾区经济的保障。否则，没有交流就

2-7 | 广西壮族自治区钦州市园博园中的青云台

没有合作,经济发展也就无从谈起。

其次是湾区与周边区域的交流。因为区域临近,不可避免会产生资源乃至产业上的竞争。但如果仅仅只有竞争,甚至是恶性竞争,都不能实现1+1 > 2的互补。也使得周边城市或湾区城市,都难以发展。

以东京湾区为例,无论是在湾区内部合作交流,还是与东京周边城市之间的合作交流,该湾区都堪称典范。一方面,他们通过完善区域内的交通网络、提高轨道交通发展、加强建设外向型经济等举措,大力加强内部合作,推动工业发展,促进城市扩展,加深东京各城市之间的合作;另一方面,东京湾又将目光投向世界,通过产业链的分工和合作，不断加强对外辐射，从东京延伸至横滨。由此可见，正是通过密切的交流合作推动区域融合发展，东京湾区才一跃成为世界一流湾区。

第三章

我国三大湾区经济发展的状况与经验

一部地球演化史，也是一部横跨数十亿年、浩瀚而庞大的海陆格局变动史。

斗转星移，沧海桑田，如今的世界地图，七大洲、四大洋各领风骚。而在这张地图上，点缀着几颗亮眼的明星——纽约湾区、旧金山湾区、东京湾区……

它们拥海抱湾，以开放的胸怀、创新的格局、宜居的环境和国际化的生态吸引着世界各地来往的游客、商人、资本家。数年来，从这几个点辐射开的交往网络日渐密集，成为带动全球经济发展的重要增长极，也成为了引领全球技术及产业变革的领头羊。

"湾区"这个伴随着经济全球化浪潮席卷全球、世界国际贸易大规模诞生的产物，从地理概念嬗变为经济实体，点亮了世界经济版图——全球滨海100公里内的湾区集中了75%的大城市、70%的工业资本和人口。

随着中国改革开放的持续推进和"一带一路"战略的实施，世界开始将关注的目光投向中国。他们发现，凭借优越的地理条件和政治经济生态，中国早已拥有实力强劲的湾区。它们迅速崛起，后劲十足，在短短几年或十几年内，就一跃成为极具发展潜力、拥有广阔发展空间的大湾区，不仅成为所属区域经济发展的重要支柱，也为全国经济贡献力量的同时，促进了中国在世界湾区经济领域的进一步发展。

湾区的魅力为世人所周知，湾区经济已成为最有魅力的区域经济业态。中国的知名湾区，分别有珠江口湾区、环渤海湾区、杭州湾区、胶州湾区、北部湾区……而其中最耀眼的，莫过于欣欣向荣的粤港澳大湾区、新经济崛起的杭州湾和三角经济带环渤海湾。它们是中国湾区经济的代表，也是世界级湾区新的有力竞争者。

第一节　欣欣向荣的粤港澳大湾区

风起南海，潮涌珠江。

今天的粤港澳大湾区正以乘风破浪，果敢创新的气势，令人心潮涌动。

在习近平总书记的亲自谋划、部署和推动下，粤港澳大湾区成为了国家战略，并进一步推动我国形成新时代全面开放新格局。

2019年2月18日，在多方翘首期盼下，《粤港澳大湾区发展规划纲要》面世，粤港澳大湾区建设蓝图就此铺开。从规划中，我们可以看到粤港澳大湾区的时代定位，建设充满活力的世界级城市群和国际科技创新中心；从中可以窥见其对我国全面开放新格局的重要价值，以及在内地与港澳深度合作示范区与"一带一路"建设中的重要支撑。按照规划，粤港澳大湾区将以四大中心城市香港、澳门、广州、深圳为核心引擎，带动经济飞速发展。

将粤港澳大湾区打造成比肩纽约湾区、旧金山湾区、东京湾区的世界一流湾区，是粤港澳大湾区城市群规划建设的核心内容。粤港澳大湾区建设是基于粤港澳各城市共识基础上的互动策略，通过各个城市的共同进步，促进大湾区更进一步的整体发展；通过各城市的互相信任和分工合作，促进粤港澳大湾区形成合力、共同发展，建设一个富有活力和国际竞争力的一流湾区和世界级城市群。这是粤港澳大湾区的发展目标。

一、粤港澳大湾区的基本情况

粤港澳大湾区由11个城市组成，包括香港、澳门两个特别行政区，以及广东的9个珠三角城市，它们分别是广州、深圳、珠海、佛山、惠州、东莞、中山、江门和肇庆，规划总面积为5.6万平方公里。截至目前，该湾区是国内开放程度最高的区域之一，在中国经济发展中具有重要战略地位。同时，在国际上，它和纽约湾区、旧金山湾区以及东京湾区，一起被称为世界"四大湾区"。

3-1 | 广西壮族自治区防城港市港口雕塑·日月同辉

二、粤港澳大湾区的发展历程

对"粤港澳大湾区"的讨论和探索,从学术界讨论、到各地方政府不断考量打磨出台政策,再到如今国家正式提出发展战略,历时已有20余年。

(一)粤港澳大湾区的规划建设历程

明清以来,珠三角湾区就是一个城市,广州、深圳、香港、澳门、东莞、佛山、中山、珠海、江门都在同一座城市,这个城市叫广州府。自设立以来,它就有着发达的经济、繁荣的贸易,同时还是广府文化的核心区域,文化经济十分兴盛。

改革开放以来,深圳、珠海、汕头等经济特区和广州、湛江等沿海开放城市的确立,促使广东与港澳的经济合作空前推进,从有限的贸易联系进入整体紧密联动的发展阶段,并推动了立足珠江口的粤港澳大湾区的发展。如今,粤港澳大湾区已经逐渐成为国内经济活力最高的区域之一,其综合实力和开放程度都不容小觑。

20世纪90年代,吴家玮(当时香港科技大学的校长)就旗帜鲜明地提出要建设"深港湾区",并且要对标美国的旧金山湾区。此外,在21世纪初,广州也提出要对标东京湾区在附近区域建设中国自己的湾区。2009年10月28日,广东、香港、澳门政府的有关部门在澳门召开会议,联合发布文件,正式提出要构建珠江口湾区,三地政府共同建设世界级城镇群。在2014年出炉的深圳市政府工作报告中,也有"打造湾区经济"的说法。

2016年3月,"十三五"规划正式发布,文件中明确提出要"支持港澳在泛珠三角区域合作中发挥重要作用,推动粤港澳大湾区和跨省区重大合作平台建设"。

2016年3月,国务院明确提出,要求广州、深圳、香港、澳门等地共同打造粤港澳大湾区,建设世界级城市群。

2017年7月1日,香港举办了《深化粤港澳合作 推进大湾区建设框架协议》签署仪式,习近平总书记出席了这一仪式。至此,粤港澳大湾区建设被提上议程,其规划建设也按下"加速键"。

2017年10月11日,香港举行特区立法会。在这个会议上,时任特区行政长官的林郑月娥发表了讲话。因为国家正在实施的"一带一路"战略和"粤港澳大湾区"建设,

3-2 | 广西壮族自治区防城港市的港口雕塑·日月同辉

让香港迎来了经济发展的重大机遇。因此，香港必须要利用好自身的独特优势，利用好中央对香港的支持，推动香港与内地合作的深入进行，持续推动基于经济规律的市场运作和自由贸易。

2018年3月7日，习近平总书记指出，要抓住建设粤港澳大湾区的重大机遇，携手港澳加快推进相关工作，打造国际一流湾区和世界级城市群；同月，粤港澳大湾区发展规划纲要的编制工作基本完成。

2019年1月11日，国务院港澳事务办公室主任张晓明表示，中央对粤港澳大湾区的战略定位有五个。一是充满活力的世界级城市群。二是具有全球影响力的国际科技创新中心。三是"一带一路"建设的重要支撑。四是建设内地与港澳深度合作示范区。五是打造宜居宜业宜游的优质生活圈。

蓝图已经绘就，奋斗正在进行。粤港澳大湾区开始进入了发展的"快车道"，一切都飞速向前运转起来。

2021年是第十四个五年规划的开局之年。在"十四五"规划中，建设粤港澳大湾区的思路进一步明晰，粤港澳大湾区将在科技、产学研、交通、贸易等方面全面发展、大力推进。此外，内地与港澳之间的互相认定范围将进一步扩大，各个重点领域在规则、机制等方面的衔接和对接将进一步完善。未来，香港、澳门两地青年将更加便利地到大湾区内的内地城市求学、就业、创新创业。

（二）粤港澳大湾区经济的发展历程

粤港澳大湾区的经济发展经历了"前店后厂"、多中心推动发展两个阶段。

第一个阶段是"前店后厂"的发展阶段。

80年代，广东省借助改革开放的政策优势，主动把握产业转移机遇，利用廉价的土地、劳动力等生产要素优势，与港澳的资金、技术、管理经验相结合，承接从港澳或通过港澳转移来的劳动密集型产业，加速了经济的起飞与发展。

珠江口地区形成了以大规模制造业转移为主体，以"前店后厂"分工为形式的经济合作模式。区域产业层次性十分明显，香港是典型的服务型产业结构，以金融等第三产业为主，深圳地区以技术密集型和深加工的加工企业为主，而珠海、东莞等地则以资本密集和一般加工工业为主，其他珠江三角洲地区以劳动密集型加工企业为主。港澳投资珠三角的企业多为塑料制品、玩具、五金制品等劳动密集型的加工企业。1991年底，在广东登记注册的"三资"企业已达 16376 家，"三来一补"企业 2 万多家。其中，80% 以上是港澳商人投资设办的企业。香港企业在广东直接或间接雇用的制造业工人大约 1000 万人。其中，东莞就超过 400 万人，深圳大约 250 万人。

香港利用国内廉价劳动力与土地等要素，顺利完成了劳动力密集型产业的内迁，实现了从制造业与服务业并重的产业结构向服务经济的转型，并支撑了经济的长期高速增长。珠三角各市工业化的产业服务资本市场、生产技术、市场信息、产品设计、市场营销等全部需求均指向香港。香港服务业的就业人数占总就业人数比重由 1980 年的 48% 急升至 1990 年的 6%，服务业产值占总产值比重超过 70%。香港作为单一龙头城市，在粤港港大湾区经济发展初期起到加分强大的引领作用。

第二个阶段是多中心推动发展阶段。

21 世纪初，广东要素禀赋与比较优势发生了变化，劳动与资源密集型产业成本提高，成本竞争力逐步下降。与此同时，香港和澳门的回归，让它们成为了中国的两个特别行政区，政治、法律地位也发生了根本性变化。

粤港澳的关系由内地—海外关系转变为"一国两制"下的区域关系，推动了民间和半官方的合作向更高层次合作的转变，也推动了粤港澳合作方式的进一步变化。珠江口地区"前店后厂"分工合作形式，由此也产生了内在改变。在产业链分工上，"后厂"的内涵得到极大扩展。在"前店后厂"的空间拓展中，随着设厂地点由集中一处向多处扩展，"后厂"逐步向北推进。其衍生出的"三来一补"与"三资"企业等具体合作方式发生重大变化，也推动了粤港澳经济贸易方式产生了根本性改变。

2015 年，世界银行的报告指出，珠三角已取代东京大都市区，成为全球规模最大的"巨型城市区域"。在紧密的空间环境下，让广州、深圳两座超大城市及其他数座大城市的连绵地带城市间的边界和城乡间的边界模糊。在城市关系上，香港自 2000 年起，人口规模就不再居于湾区首位。2015 年，深圳和广州的城镇人口均超千万，远高于香港 770 万人的规模。从地区生产总值上看，香港首位度不断下降。1990 年，香港地区生产总值是广州的6.81倍。2017年，深圳、广州已超越香港。在港口关系上，深圳港集装箱吞吐量超越香港，位居全球第三位，广州港则位居全球第七位，珠海港、东莞港、惠州港也各形成特色发展。庞大的港口群催生了港口城市群，湾区则呈现由香港单中心向广深港三中心演变的新发展格局。

总体来看，这个地区的特点很典型，是从"河口三角洲经济"发展成为"湾区经济"。最开始，是农业经济时代，三角洲城市率先实现崛起。这一阶段以广州为首，然后随着东江、西江流域的开发，其他三角洲城市也实现快速发展；然后是工业经济时代，由于对外贸易频繁，制造业规模也进一步扩大，所以港口城市发展迅速，港口集群迅速崛起，带动了深圳、东莞、佛山、中山等制造业强市的崛起。进入创新经济时代后，以深圳为代表的湾区城市呈现出后来居上的发展态势。深水港、国家金融中心、国家科技创新中心交汇产生强大裂变效应，并和广州、香港共同构成湾区核心引擎。

三、粤港澳大湾区发展的基础条件与战略基础

与纽约、东京等全国乃至全球枢纽的"资本型"湾区相比，粤港澳大湾区呈现出"自给自足"湾区的特点。从湾区的经济"风格"来看，粤港澳大湾区与旧金山湾区有一些相似之处外，还具有一些"创新型"湾区的特点。但是，粤港澳三地的法制不同、社会制度不同，行政层级较多，具有独特的"异质性"。粤港澳地区内的要素是自由流动的，针对这一特性，粤港澳大湾区必须制定不同于其他湾区的特殊制度。

前文提到，粤港澳大湾区已经逐渐成为国内经济活力最高的区域之一，其综合实力和开放程度都不容小觑。和其他世界级湾区相比，粤港澳大湾区条件已成熟。早在5年前，粤港澳大湾区地区的生产总值就已经达到近1.4万亿美元，这个数字几乎接近了世界第六大经济体的规模。

在这5年里，粤港澳大湾区在世界上的地位仍在不断攀升。据有关部门预测，预计到2030年，粤港澳大湾区的GDP将超过2.5万亿美元，极有可能跻身全球湾区的前列。

3-3 | 广西壮族自治区防城港市的海岸雕塑

（一）初步建设现代产业体系

目前，粤港澳大湾区已经初步建立了较为完备的产业体系，成为了全球几大重要制造业基地之一，并初步形成了比较完善的分工协作机制。其中，第三产业占据重要地位，其在粤港澳大湾区内占比超过 60%，在香港更是达到了 90% 的占比。金融业发达，拥有香港、深圳等金融中心城市，吸引了世界百强银行 70 家。港交所和深交所的 IPO 总量比纽约证券交易所要低，位居全球第二。

湾区对外贸易总量、利用外资总量、港口集装箱吞吐量、机场旅客年吞吐量等数据都排在世界的前几名。港澳服务业的高度发达，促使珠三角初步形成了以先进制造业和现代服务业为驱动的产业体系。湾区形成了一个梯队的产业体系，既有相对低端的产业，又有接近发达国家的高端产业。产业层级的多样化和产业结构的多样化，不仅增加了区域产业的丰富性，而且有助于在短时间内形成更好的产业合作。

未来，中国的制造业、特别是高端制造业，仍会向临海地区集中，先进的制造业与国际市场分工的互动会越来越频繁，而以信息、研发等为代表的知识经济和高端服务业也会向临海地区集中。在湾区从城市各自发展向城市群整体发展转变、从生产制造中心向科技创新中心转变的过程中，粤港澳大湾区多元完备的产业体系将发挥良好的促进作用。

（二）初步具备了较突出的创新驱动能力

凭借良好的自然、生态、社会和人文环境基础，粤港澳大湾区具有创新创业的氛围和基础。在香港境内，坐落着5所世界200强排名的顶尖大学，还有30多名中国科学院、工程院士以及获得其他国家同等头衔的科学家，并建有12个国家级重点实验室。珠三角也拥有众多的研发机构。比如，华为、比亚迪、腾讯等一批知名企业。地区内的PCT国际专利申请数量占全国一半以上，与韩国的数量基本持平，在全球排名第六。2016年，珠三角地区的研发经费支出占GDP比重的2.7%以上，技术自给超过71%，国家级高新技术企业近1.9万家。

国际化水平国内领先。大湾区是我国对外贸易的重要门户，是我国国际化水平最高和全球投资最活跃的区域之一。连续20多年，香港都保持"全球最自由经济体"的荣誉称号。在国内外向型经济发展的城市里，广州、深圳等珠三角城市是重要代表。在CEPA的合作大背景下，粤港澳大湾区已经初步形成多层次、全方位的合作格局，改变了以往腹地联动中心的发展模式，变成了中心枢纽联动网络化发展模式。

国内区域增长极作用十分明显。粤港澳大湾区以不到0.59%的土地面积，聚集着近5%的人口，创造了12.7%的GDP，这是一个非常让人吃惊的成绩。目前，粤港澳大湾区内的海港、机场建设水平在世界上都处于一流地位。在集装箱吞吐量方面，深圳、香港、广州三座城市均居世界前8名；在机场年平均旅客吞吐量方面，粤港澳大湾区的机场远远超过纽约湾区的机场，接近1.75亿人次。区域GDP与韩国、西班牙持平，超过了印尼、沙特等国家……由此可见，在中国对外开放战略的版图中，粤港澳大湾区已经成为重要支撑。

区域经济形态较为成熟。目前，粤港澳大湾区内已有一批全球领先企业，在各行各业都形成了较为完整的产业链条，不仅初步构建了较为发达的城市群，而且具备强大的发展动力。分析湾区内的绝大多数企业可以发现，它们大多数早已进行过几轮升级或迭代发展。

香港、广州、深圳三大中心城市形成了以生产性服务业为支撑的产业集群。深圳、广州形成了较为发达的内向型金融服务业，香港形成了较为发达的外向型金融服务业。这些都有助于形成以贸易为先导、以工业为基础、以科技为核心、以金融为支撑的生产环境，与世界上的其他著名湾区相比，这里的创业成本更加低，对市场更为敏感。

从近年的发展来看，粤港澳大湾区的生产总值、机场群和港口群吞吐量等指标，与东京等湾区的差距不大（甚至某些指标还领先）。但若从对全球经济的控制力和话语权等方面看，粤港澳大湾区则有明显不足。在服务业发展层次、顶尖高校数量、国际总部功能等指标上差距则更加突出，这也正是粤港澳大湾区亟须迎头赶上的关键所在。

四、粤港澳大湾区的发展目标

在新的国际化坐标体系下统筹谋划，立足粤港澳，辐射东南亚，面向全世界，以经贸合作、科技创新和基础设施为支撑；以增强湾区国际竞争力为根本，充分发挥香港作为世界级大都会的引领作用。在"一国两制"的前提下，促进珠三角各市与港澳接轨，推动国际化和全球化，加速融入世界经济体系；共同建设国际金融贸易中心、科技创新中心、交通航运中心、先进制造业中心，成为全球规模最大、实力最强的湾区城市群之一。

（一）总体目标定位

综合粤港澳大湾区目前的发展现状、规划蓝图及发展趋势分析。在未来 10 年内，大湾区很有可能成为现代化国际一流湾区。它不仅有着极强的创新能力、发达的交通网络、完善的基础设施、高超的产业水平,而且生态环境优美,在国际上具有一定影响力和辐射力。

1. 跻身世界一流

坚持高端湾区定位,坚持高质量发展战略;充分发挥资本潜力,充分利用密集优势,建设世界一流的先进制造业基地,打造领先世界的现代服务业基地;实现优势互补、融合发展、互利共赢的合作格局。积极探索并推动实现贸易投资便利化,推动输出更多资本、技术、管理和服务,促使经济综合实力和影响力进一步增强,让粤港澳大湾区成为世界经济版图中的重要一角。

2. 建设国际重要的交通信息枢纽

粤港澳大湾区先天条件优越,拥有一流的海港和机场。依托这些综合优势,大湾区内的枢纽基础建设速度进一步加快,高铁、深水航道、机场等交通网络进一步完善,

3-4 | 广西壮族自治区防城港市

加强规划衔接，加速互联互通，提升贸易、航运等资源配置能力，将其打造成为亚太地区的客运和货运枢纽。依托一流的信息基础设施，实现信息互联互通，将其打造成为世界信息网络的核心节点。

3. 打造国际科技创新中心

以全球视野谋划和推动粤港澳创新圈建设，将世界各国的高端创新资源都吸引和聚集过来，在湾区打造高水平创新环境和研发网络。在产业、金融、技术、管理等方面，加快实现跨境融合，使其成为世界科技创新的重要源泉。

4. 成为"一带一路"的核心节点

粤港澳大湾区的城市文化发达。在立足于地区的文化交流优势的同时，进一步扩大多元开放。与"一带一路"沿线各国之间在文化、教育、旅游、时尚、艺术等方面深入合作，进一步促进各国家、各城市之间的交流，以及和各民族之间的交往，增强彼此间深度交流的合作关系，成为中国与"一带一路"沿线各个国家之间的文化和经贸交流往来的核心节点。

5. 繁荣粤港澳，提高海洋资源的开发能力

全面落实 CEPA 和粤港澳服务贸易自由化政策，构建粤港澳优质生产生活圈，推动香港、澳门实现长期繁荣稳定。通过陆海统筹，促进港口经济、海洋经济，实现一体化发展，提高海洋资源的开发能力，成为服务建设海洋强国和南海开发的重大国家战略平台。

（二）目标实现路径

粤港澳大湾区是一个有机整体，并不是湾区内几个邻近城市在地理上的简单机械拼凑。要努力确立湾区经济一体化的理念和机制，建立统一的湾区分工机制和竞争规则，融入以产业链和产业集群为基础的经济全球化进程，促进决策、产业、文化、机遇等方面的共生、共享。

1. 总体规划

站在高屋建瓴的视角，对湾区的国土空间与海洋空间、长远规划与短期工作、对外开放与对内开放方面进行整体规划；对其产业发展与功能布局、经济建设与生态保

护等方面进行统筹设计。锚定发展湾区经济这一新目标,进一步优化功能布局,推进海洋资源综合利用,实现海洋经济的快速发展,并全面提升核心竞争力,进一步扩大湾区的国际影响力。

2. 区域合作

按照城市群发展的内在逻辑和规律,避免出现思维固化。在求同存异的大前提下,促进各个城市之间的合作与融合,促进职能分工和产业分工,打破行政壁垒和跨界分隔,进一步实现基础设施的互联互通,进一步推动粤港澳密切合作;促进与粤东、粤西北城市的协调发展,与泛珠三角地区形成有效的分工合作网络。

3. 开放引领

以开放促改革,使得贸易投资往来更加便捷,完善对外开放的体制机制,尤其是在服务业、金融业等领域。大力加快广东自贸区建设进程,着力营造高水平的湾区开放环境,使得国际国内各要素在区域内能够实现有序的自由流动,进一步推动市场深度融合,争取使湾区能够参与更广范围、更高层次的世界经济合作或竞争,增强开放发展新优势。

4. 创新引领

以全球视野谋划和推动创新,优化创新生态,让湾区创新环境实现更好水平的突破,能够吸引全球更多高端创新资源,提升整体的创新效能,使其产业体系具有更强的创新引领力和控制力,打造全球创新枢纽。

四、粤港澳大湾区建设的现实困境

粤港澳大湾区包括珠三角九市和香港、澳门两个特别行政区,它与世界几大著名湾区相比较,历史积淀更长远深厚,政治肌理更加独特。

一方面基于"一国+两制+三独立关税区"的制度安排。粤港澳大湾区的发展要素要想实现自由流动,还存在一定程度上的障碍。此外,"粤港澳大湾区"实际上是一个人为打造的概念,它的名字并不是以地理上的城市命名。也就是说,"粤港澳大湾区"在地理上并不是天然存在的,而是出于经济发展的考虑,人为地在这块区域"画了一个圈";另一方面湾区内的各城市发展很不平衡,梯度发展存在一定差距。与其他湾区相比,粤港澳大湾区更加复杂——"粤"所包含的深圳和珠海这两座城市是在改革开放的背景下发展起来的,而"港澳"则是更多的出于历史原因。

这是粤港澳大湾区与其他著名湾区的不同之处,同时也是粤港澳大湾区必须面对的困难与阻力。

第一,它推行的是两种不同的政治制度。一方面,在香港、澳门两地仍旧实行资本主义制度,而在内地则实行社会主义制度。两种不同的政治制度,导致它们在法律制度、经济模式、营商环境等方面都存在不小的差异。同时,在大陆的关税区范围内有两个独立关税区,再加上位于内地的广东省,一共三个独立关税区,在税制管理上也存在较大差异。如何推动珠三角九市与港澳经济模式对接、推动资源要素在"粤"与"港澳"之间的自由流动,实现各地行政管理同构是摆在眼前急需解决的规划问题。

第二,粤港澳大湾区内有三个一线城市,分别是广东、香港和澳门。在港口物流、机场航空和资本市场等多个方面,这三座一线城市都存在很强的竞争关系。同时,要想实现城市间交通资源的整合、推动各城市错位开发新兴产业、统筹规划公共服务城市化,也面临一些现实困境。原始创新还存在很大的上升空间,整体创新合作的程度不够深入,还未完全实现创新资源的共享;跨国境运输基础设施的连接十分不顺畅,区域保护、无秩序竞争、行政上的壁垒等非市场障碍因素仍然部分存在,各城市的国际化进程各异,城市之间没有实现深度融合……这些都是现实存在的具体问题。

第三,前文提到,粤港澳大湾区的发展要素要想实现自由流动,还存在一定程度上的障碍,因此不能进行更高层级的产业分工和协作。湾区的产业还没有完全实现从低端到高端的过渡,产业水平与世界一流的湾区相比,还存在一定差距。在湾区的城市空间经济结构上,存在"东强西弱"的问题。在支撑经济发展的教育、人才、科学研究和创新等方面,珠三角的大部分城市都有一定的先天不足,产业升级和变革都存在难度。香港和澳门也面临着开发模式变革和产业结构变革的巨大压力。大湾区整体上更加迫切需要利用自身产业体系的多元性和完备性,形成更为高效的协作分工机制,促进生产性服务业尽快向专业化和价值链高端延伸、生活性服务业尽快向精细化和高品质方向延伸。

第四，以加工产业生产基地为开端的快速工业化，对珠三角洲地区的土壤和水环境造成了巨大打击，治理成本也越来越高。所有城市都在实施或准备填埋，这对自然环境的损害是不能低估的。湾区水域缩小、湿地被广泛侵蚀、生物多样性下降、环境污染问题仍然突出。同时，香港、澳门、深圳的房价高涨、广州等城市的交通堵塞，已经出现了一系列的"城市病"，都在一定程度上阻碍了粤港澳大湾区的幸福生活品质的提升。

五、粤港澳大湾区经济发展的经验策略

粤港澳大湾区的经济发展，应在大湾区的发展规划指引下，超前谋划和培育以全球经济服务枢纽为重点的功能，将其作为空间资源配置和基础建设的核心方向。构建相适应的湾区治理协调机制，推动湾区产业形态向高端化、高效化方向发展，发挥多中心网络空间结构的整体集聚和辐射效应；通过基础设施的互联互通，带动和实现发展要素的无障碍流动。

（一）湾区的协同发展

在我国目前的行政制度下，大多数城市群是通过各城市之间平等友好的协商来建设的。尽管一些特大城市实际上起着主导作用，但它们的协调能力与其地位并不相称。大湾区的建设仍需由中央政府牵头，在市场主体自发合作的基础上，加强中央层面的协调。结合供给侧结构性改革，协调湾区的长远发展与合作，优化产业布局的合理性，避免同质化竞争出现，引导形成分工合理的城市群发展体系。

国家出台相关机制，建立具有约束力的条例，促使由三个城市中某两个城市的双边合作向多边合作转变，推动区域治理由单项向综合转变。发挥各中心城市引领辐射功能，建设以深圳为重点的创业创新圈，将香港打造成全球金融中心，发挥广州商贸中心功能；进一步推动湾区内各城市的基础设施实现互联互通，从而实现发展要素在各城市之间高效便捷流动，共塑湾区整体形象，提升湾区的国际竞争力。

构建湾区的发展机制，并使之尽可能科学合理，以确保湾区内部的各级管理部门

3-5 | 广西壮族自治区防城港市的港口卸货区

在统筹管理时的权威性,既具有较大的话语权,又能够有信服力。在这一过程中,一步步完善湾区的内部发展机制,使之逐渐制度化、常态化。构建多元化城市群体发展网络体系,引导社会、企业等多元主体的广泛参与。

探索实现"行政异城、经济社会同城",提升珠三角一体化发展层级,争取粤港澳地区率先实现贸易自由化;并探索建立贸易共同市场,优化区域布局,实现区域内各地区之间的优势互补,强化世界级城市群功能。香港和深圳都是全球性中心城市,要进一步发挥它们的中心优势所在。此外,广州和澳门作为次级全球性中心城市,也要进一步发挥其辐射带动作用,从而形成网络化的城市体系,即城市格局多层级、城市发展多中心联动的模式。另外,在居民的日常生活中,可以试点手机证件通用,即"E证通"技术。大湾区内的居民可以通过"E证通"实现身份证、港澳通行证等身份证明都在一部手机上实现,使得人口流动及往来更加便捷高效。同时,还要在技术层面不断探索出入境方面存在的问题。例如,可以使用人脸识别技术,整合内地和港澳地区入境的各种核验要求，从而提高通行效率。加强珠江口的综合治理、保护与开发，整合海岸线资源，突出临海经济功能分工。在医疗、教育、文化、环境等公共服务方面，探索建立互认机制，实现资源共享，基础设施共建，共同研究养老、医疗、教育等福利的跨境办理和互通；提升湾区生态环境质量，改善各城市的宜居水平，推进粤港澳创新圈和优质生活圈建设。

推进与泛珠三角地区的协同发展，促进资源要素全面对接，形成有效分工合作网络；促进产业、资金、技术要素形成梯度转移，按产业层次高低进行转移。加快基础设施网络建设。例如，跨海大桥、跨海铁路、高速公路、机场等。依托湾区内的枢纽港，推进内陆无水港建设，进一步消除行政和贸易壁垒；建设区域共同市场，共同拓展广阔腹地，促进区域共同发展。

（二）增强基础设施建设

在立足于国内重要国际战略通道定位的同时，打造"内陆交通网"和"海空国际网"。目前，大湾区内形成了由海港和空港共同构成的"海空组合港"，以此为中间连接点打造交通网；囊括高速公路网、高等级航道等内陆交通部分和远洋班轮、国际航线等海空部分，形成多式联运、综合立体的对外交通运输体系。以轨道交通和高速公路为主体，打造交通网络，形成高效、低耗的多层次综合交通体系，以满足湾区多中心网络化的发展要求。

加快功能分工与协作。重点推动建设枢纽港口和航空口岸，打通陆路通道，畅通国际往来，建设国际航空门户，构建国际交通枢纽。强化远洋航港的优势和功能，与广州、珠海、惠州等城市协作建设世界级海港，以开放合作的良性竞争格局，以建设亚太地区最为开放高效的国际航运服务中心为目标，构建大湾区组合港体系。

借鉴上海与浙江在外海共建海洋深水港的案例，在湾区内根据实际情况合理规划，可视情况建设深水集装箱港。重点开展与"一带一路"以及新兴市场国家重要港口的合作，共建友好港口、临港物流园区和产业园区。

创建航空多枢纽系统。大湾区是全球航班最繁忙的区域之一，有限的空域资源与日益增长的航空需求矛盾凸现。以广州、深圳、香港三大机场为核心，大力推进机场之间的对接和中转，并统筹进行空域规划和飞行程序，对地区航权进行适度开放，全面加快一系列便利政策的落地实施。例如，离境退税、国际旅客入境144小时免签等。

依托广州、深圳、香港的三大机场，将湾区机场群建设成为21世纪海上丝绸之路的航空门户。建立机场发展协调机构，可考虑设立粤港澳大湾区机场管理局。以三大机场为核心，保持多市场主体竞争格局，优化空域管理，整合区域航空资源，完善多层次航空运输服务体系。提升枢纽机场集疏运能力，建设以机场为核心的大湾区综合交通体系，提升区域综合交通服务能力。

强化湾区内的综合交通网发展。大湾区包含港深、广佛、珠中等都市圈，空间尺度大于纽约湾区、东京湾区和旧金山湾区。基于"一小时"合理服务水平，城际轨道主要提供中心城市之间的通勤服务，重要枢纽的功能是强化周边一定范围内城镇与功能区的联系，高铁则兼顾城市群主要城镇之间的联系，满足大湾区在集核、环湾、均衡等方面的多重需求。

打造湾区综合交通网，重点建设轨道交通、高速公路等，力争在大湾区的主要城市内，实现通勤时间一小时以内。对接国家陆路骨干通道的网络规划，建设与珠江——西江经济带相衔接的战略通道，贯通至中亚、欧洲的陆路物流通道。建立更加便捷的跨境交通体系，实现跨境交通一体化发展。

（三）优先构建全方位开放合作新格局

通过体制改革、简政放权，突破口岸、金融、贸易等方面的障碍，打破商事环境、要素流动、公共服务等方面的壁垒，激发湾区内部充分的竞争和合作，推动实现大湾区一体化发展。

充分利用"一国两制"体制和制度优势，在中央"一带一路"倡议下，探索推动整个大湾区自由贸易化，成为"一带一路"开放型经济试验区。联合各城市力量，大力发展金融科技，加快数字支付联系，创建金融生态圈，构建集聚人才、资本、金融、国际为一体的体制机制。在中国—东盟自由贸易区的升级版建设中，贡献大湾区的一份力量。主动融入东亚经济一体化进程，共同推动湾区服务业国际化、制造业高端化、传统产业优质化、嵌入全球高端产业价值链。

培育壮大供应链管理等新业态，加快境外营销基地、境外营运总部、境外批发市场和零售网点等建设。以大宗商品交易平台为中心，构建国际型采购中心，大力推动产品进出口，尤其是高新技术类和机电类的产品出口。在广州、深圳、东莞等地建设跨境电子商务基地，控制跨境贸易的成本，拓宽国际市场。

拓展与金砖国家以及新兴市场国家经贸合作领域，扩大优势产品出口，加强特色产品和能源、原材料进口。在更广泛领域扩大对新兴市场的投资，深化产业对接和产能转移。完善总部经济发展机制，吸引和支持世界500强等跨国公司，在湾区设立地区总部以及区域性销售、财务等功能性机构。

全面提升湾区自主创新能力。在城市空间尺度上，大湾区与旧金山湾区存在相似的地方，主要节点距离都在25~30千米，非常适合建立类似旧金山湾区的区域创新网络体系。可利用技术手段整合资源，跨越行政边界和法律法规，构建湾区城市无缝衔接的交流平台。

（四）推进粤港澳创新圈建设

充分发挥粤港澳科教资源和创新企业集聚的优势，以香港科技园、深圳国家自主创新示范区、广州大学城、国际创新城等为载体，结合技术、产业、金融等领域，推动创新发展和跨境跨界融合。与欧美发达的经济体系建立国际科技合作联盟，推动跨国科技协同攻关、协同创新，建设一批国际联合实验室和工程研究中心。推进互联网、大数据、云计算、人工智能等新技术的普及应用，探索建设"云上湾区"。统筹湾区科技、教育和人才资源，把粤港澳大湾区打造为比肩旧金山湾区的全球创新中心。

建设广深港科技走廊，促进创新要素无障碍流动，成为技术协作、信息传递、人才流动和服务合作等领域的快速通道。以城市社区为平台，培养自下而上创新创业的基础单元。沿走廊扩散创新和生产要素，包括数据中心、后台服务、科技孵化、关键部件生产等。推进走廊创新资源与珠三角传统加工业对接，形成"研发——转化——生产"的湾区创新链。其目的在于打破行政区域划分限制，让创新要素、先进制造业要素沿着物理通道自由流动，实现区域协同和融合发展，使其成为粤港澳大湾区创新主轴，带动提升大湾区的创新能级。

（五）注重提升湾区的国际软实力

发掘与融合湾区城市群的人文价值，依托湾区与"一带一路"等国家紧密的人文联系，全方位开展文化交流合作，拓宽对外交流往来渠道，构建国际化、法治化营商环境。

加强湾区国际人文交流，实施文化"走出去"工程，依托外交渠道和国家资源，积极寻求与世界一流湾区深度合作机会，提升粤港澳大湾区国际影响力。加强与世界银行、亚太经合组织等国际组织的交流合作，争取承办更多国际性活动和体育赛事，从而增强引进国际机构、资本、人才的能力，打造国际高端赛事。

推进对外贸易和投资便利化，充分利用国家赋予的政策条件，加快引入国际通用行业规范、管理标度，推进大通关建设，全面实现进出口货物无纸化通关。推动粤港澳国际标准协作平台建设，探索共建粤港澳社会信用平台和市场监管平台。为便于大湾区内部居民在共同生活圈内活动，建议三地政府加强协商，鼓励三地电讯商先从大湾区开始，实施电讯通信同城化收费，降低或免除跨境漫游等相关费用。

第二节　新经济崛起的杭州湾

2017年6月，浙江省第十四次党代会提出："谋划实施'大湾区'行动纲要，重点建设杭州湾经济区，加强全省重点湾区互联互通，大力发展湾区经济。"这是继粤港澳大湾区概念提出后，国内提出的又一重大湾区概念。事实上，从地理学角度，杭州湾作为地理专用名早已存在；而从区域经济角度，杭州湾区的范畴、内涵等则有不同理解。本书所指的杭州湾区，主要包括上海、杭州、宁波、嘉兴、绍兴、湖州、舟山等城市，即以上海为龙头，以杭州、宁波为两大极核，辐射沿海和腹地空间的"1+2+X"空间布局的湾区。

国际著名湾区至少拥有一个世界级城市，杭州湾区的发展离不开上海的支持和深度参与。无论从经济总量还是从发展条件看，杭州湾区依托长三角经济带，辐射范围广，发展潜力巨大，综合实力强劲，是除粤港澳大湾区之外，在国内可能会再发展成为世界一流湾区的区域。

一、杭州湾的基本情况

杭州湾又称宁波杭州湾新区，是宁波市下辖行政管理区，由宁波前湾新区组成，是国家级产城融合示范区、沪甬合作示范区、浙沪合作示范区、环杭州湾大湾区高水平示范区、浙江省制造业高质量发展示范园区。同时，三大国家战略在这里交汇，分别是"一带一路"国家级顶层合作倡议、长江经济带发展战略、长江三角洲区域一体化发展战略，总面积703平方公里。其中，陆域面积为353平方公里，海域面积为350平方公里。

杭州湾新区坐落于浙江省宁波市北部，杭州湾跨海大桥南岸，地处沪杭甬经济圈中心，居于上海、宁波、杭州、苏州四座城市的几何中心。宁波在这里接轨上海，并融入长三角，战略地位非常重要，是中国长三角经济圈中的战略要地。

3-6 | 广西壮族自治区北海市的银滩海边

杭州湾新区是国家级经济技术开发区、国家级出口加工区、浙江省级海洋经济集聚区、浙江省级高新技术产业园区，拥有六大先进制造业以及四大现代服务业，并拥有宁波方特东方神画、杭州湾国家湿地公园、海天一洲等旅游景点。

二、杭州湾区的发展历程

慈溪经济开发区是杭州湾新区的前身，它的发展与兴起离不开一个关键字——"桥"。杭州湾，因桥而谋、与桥同兴，逐渐成长为长三角地区极具发展潜力的大平台。

2001年11月，势必将载入杭州湾发展史册。在多方的翘首期盼下，杭州湾跨海大桥终于开工。与之相伴的慈溪经济开发区，正式迁入杭州湾新区，并于同月开发建设。

一座跨海大桥，掀开了杭州湾的发展篇章。自那以后，杭州湾区内的工业区块也进行了交通升级，基本建成了"九横十纵"的主要道路框架，共35平方公里，并建设了高标准的配套设施，包括交通、水电、通信、绿化等；累计引进工业项目358个，总投资739亿元，投产企业259家，吉利汽车、中信集团、联合利华、德国大众等13家世界500强企业项目也逐渐入驻和落户。

2005年6月，经国务院批准，位于杭州湾区内的慈溪经济开发区设立了出口加工区，规划面积2平方公里，一期面积为0.7平方公里。宁波市还成立了政府派出机构，即成立"浙江慈溪出口加工区管理委员会"。2006年11月，加工区正式开始运作。

2009年11月，在整合慈溪出口加工区、经济开发区管委会的基础上，宁波市委、市政府发布文件《关于加快开发建设宁波杭州湾新区的决定》，决定设立宁波杭州湾新区管委会。次年春天，管委会正式挂牌成立。

2010年9月，宁波杭州湾产业集聚区被列入《浙江省产业集聚区发展总体规划》的14个产业集聚区之一。次年2月，杭州湾新区被正式列入浙江省9大海洋经济集聚区之一。

2014年2月18日，宁波杭州湾新区"晋级"，成为国家级经济技术开发区。

2015年是"十三五"开局之年，这一年，杭州湾新区勾画了崭新蓝图——打造"一城四区"。"一城"即宁波杭州湾国际化滨海名城，"四区"则指的是先进制造集聚区、科技创新试验区、健康休闲生态区和产城融合示范区。

围绕这一宏伟蓝图，宁波杭州湾新区也作出具体规划——打造"六大先进制造业+四大现代服务业"产业新体系。这一体系以先进制造业为核心支柱，以现代服务业为重要支撑，以现代农业为基础。

2016年，展开经济腾飞翅膀的宁波杭州湾新区，成为全国58个产城融合示范区之一。10月12日这天，总投资额达43亿元的5个重大项目，在宁波杭州湾新区集中开工，标志着新区的滨海新城开发建设正式启动。

时光飞跃，2018年，浙江省委作出战略部署，决定把新区打造成为"标志性、战略性改革开放大平台"。同年6月，发布了《长三角地区一体化发展三年行动计划（2018—2020年）》。其中，明确提出，要建设宁波杭州湾新区浙沪合作示范区。

三、杭州湾的发展基础条件与战略基础

杭州湾区是中国新一轮发展的重要增长极,初步具备成为世界一流湾区的发展条件,与粤港澳大湾区相比,在要素自由流动等方面还略胜一筹。杭州湾区经济规模已超过旧金山湾区,区位优势十分突出,湾区经济发展所需的金融、航运、创新等核心功能要素较为齐备,具备成为世界一流湾区的基础条件。

杭州湾区是我国重要的经济区之一。2016年,CDP达0.94万亿美元,超过世界第十六大经济体印度尼西亚的规模(819亿美元),是粤港澳大湾区的69%、纽约湾区的59%、东京湾区的63%,超过旧金山湾区。GDP全国占比达8.42%,与纽约湾区占美国GDP比重大致相当。杭州湾区内有上海、杭州、宁波三大CDP居全国前列的副省级以上级别的城市,又拥有舟山群岛、浦东两大国家级新区,呈典型的雁阵发展模式。人均GDP迈入全球中等偏上收入行列。

(一)湾区内各城市发展水平大致均衡

目前,杭州湾区的贫富差距远小于粤港澳大湾区。湾区的互联网电商等产业高度发达,传统贸易已向资本、技术、服务和品牌输出转变;拥有6所全国重点大学,高等教育和科研实力强劲。截至2017年10月31日,上市公司数量多的国内十大城市中位于杭州湾的有3家。分别为:上海270家,位列第2;杭州126家,位列第4;宁波68家,位列第10(粤港澳大湾区的深圳267家,位列第3;广州94家,位列第6)。一般公共预算收入前10强城市,上海位居第1,杭州位居第7,(而深圳位列第3,广州仅位列第8),这些均表明杭州湾区是中国经济最具发展潜力的板块之一。

(二)区位优势较为突出

杭州湾区位于国际西太平洋远洋航线及我国东部沿海地区,海上丝路和长江经济带交汇处,空间广阔,人口众多,已是世界上较为重要的海港和航空枢纽,也是世界各国进入中国的主通道之一。湾区拥有两个超级大港,港口集装箱吞吐量和机场旅客吞吐量分列全球各大湾区的第2位。2017年,上海港和宁波舟山港集装箱吞吐量分别位列全球第1位和第3位,港口竞争优势十分突出。拥有长三角城市群和长江经济带作为重要腹地,人流量、物流量丰沛、多式联运发达。

湾区内，上海是全球金融中心和中国改革开放的门户之一，拥有巨大的资本优势和政策优势。杭州已成为"准一线城市"，是国内最具影响力的"互联网+"创新创业中心，宁波是中国重要的港口城市与制造业重镇。类似于在珠江三角洲基础上的粤港澳大湾区，杭州湾区则是在长三角南部一体化发展基础上兴起的湾区。

（三）基础设施较为便捷通达

杭州湾跨海大桥、舟山跨海大桥、象山港大桥以及沪杭高速、杭甬高速、杭甬高铁等跨域通道的建成投用，沪甬跨境高铁正在建设中。跨海大桥及洋山深水港让湾区的空间格局更为紧凑，湾区南北的"同城"效应初显。至2016年底，浙江省的公路通车总里程达11.9万千米。其中，高速公路通车里程为4062千米。浙江正在实施"1210"交通强省行动，集中力量建设高速铁路、高速公路、机场、轨道交通和内河航道等重大项目，进一步完善了省际省域通道网络。杭州湾区对湾区内外的辐射影响力将进一步增强。

杭州湾区的开放型经济发展条件得天独厚，集聚了大批国家级经济开发区，湾区内拥有全球500强企业已达11家。杭州湾区是国家重大改革先行先试的重点区域，拥有浦东新区、舟山群岛新区和上海、浙江两大自贸区。上海是国际经济、金融、航运和贸易中心，杭州是国家自主创新示范区和国家级跨境电商试验区，宁波是全国首个"中国制造2025"试点示范城市和国家保险创新综合试验区。

湾区内分布着上海临港新城、嘉兴港区、海宁连杭经济区、海盐经济开发区、杭州下沙经济开发区、大江东产业集聚区、萧山经济技术开发区、绍兴滨海新城、杭州湾新区、宁波经济开发区等若干个新功能区，开放创新已形成集聚效应。多重国家战略的叠加，为湾区的深化改革、扩大开放创造了良好的发展条件。

四、杭州湾区建设的现实困境

杭州湾区在发展要素便捷流动等方面有突出的优势，而在要素功能集聚等方面还存在一定的短板和不足。

杭州湾区内部发展相对均衡。湾区人均CDP最高的是杭州（181万美元），最低的是湖州（1 14万美元），内部贫富差距不大。而粤港澳大湾区人均GDP最高的是澳门（47.7万元）、香港（30万元）、深圳（16.4万元），前两者几乎是后者的3倍和2倍。而湾区人均GDP最低城市与澳门的倍数差达到12.18，内部贫富差距极大。

杭州湾区的协同发展效应相对较好。杭州湾区由上海一个直辖市和浙江的几个城市组成，不同于粤港澳大湾区的"一国两制三区"，自上而下的政策实施阻碍相对较小。长三角合作与发展联席会、浙东经济合作区等跨域合作机制运行多年，湾区内部文化同根同源。近年来，发展政策相对统一，经济发展相对均衡，形成促进湾区经济协同发展的良好运作机制。杭州开始实施"城市东扩跨江发展"战略，促使延续了一千多年的"西湖时代"逐步迈向"钱塘江时代"；嘉兴融入上海启动打造的"浙江省全面接轨上海示范区"；宁波正在加快建设杭州湾新区等。围绕杭州湾区，各大城市正在

3-7 | 广西壮族自治区北海市北部湾广场雕塑·南珠魂

抓紧构建更紧密的一体化发展战略。

但与粤港澳大湾区相似，杭州湾区的经济发展同样面临不少困难和挑战。

第一，位于杭州湾口的上海南部地区处于上海远郊位置，金融商贸等核心要素集聚和辐射效应相对较弱，处于东海中的洋山深水港对滨海城区的发展拉动效应有限。湾区内浙江各城市的经济实力，如杭州、宁波、绍兴等市相应低于广州、深圳、佛山、东莞等市，在国家发展的战略定位也相对低于粤港澳大湾区的各大城市（除上海外）。且在与长三角苏南城市群的竞合关系处理上还须进一步协调，在对外开放度上还有较大提升空间。

第二，湾区在产业布局、城市建设、生态保护等方面的合力尚有诸多不足。湾区内产业同质化、产业布局雷同、低小散的问题仍较突出，除上海、杭州服务业优势相对明显外，其他城市还是以工业为主导的产业结构，与世界一流湾区的差距较大。部分区域城乡基础设施建设较为滞后，共享程度不高，对外交通建设较弱，对内联通性不足，县城、乡镇末端式交通格局尚未根本改变。湾区沿海大通道存有一定的交通短板，连接各大城市间的主要通道通行能力有限，不能充分满足上海、杭州、宁波等地一体化发展要求。

五、杭州湾区的经济发展经验和策略

杭州湾区的经济发展战略，应立足于充分发挥浙沪地缘相近、人文相亲、乡俗相似、经济互融、产业关联等天然优势，通过互助互利、共建共赢，打造集金融航运、科创智造、电商新经济等于一体的又一世界级城市群。

（一）构建"三中心两带"的空间格局

从功能布局、城市能级和开放格局等方面综合考量，可立足区域中心城市，塑造产业、城市、港口联动发展体系，构建"三中心两带"开放融合空间格局。

"三中心"引领湾区发展。与粤港澳大湾区的广州、深圳、香港"三中心"结构类似，杭州湾区也具有上海、杭州和宁波的"三中心"特征。上海在国家的战略地位和城市能级较为领先，杭州是以互联网等新经济为特色的创新城市，宁波是国际港口城市和先进制造基地。可以上海、杭州、宁波三地作为杭州湾区的三大中心，互为犄角，形成三角闭环，有效支撑起湾区极核辐射功能，共同成为带动区域经济增长的中枢和引擎。

"两带"推动湾区一体化发展。杭州湾区可以杭州为原点，构建杭州——湖州——嘉兴——金山——南汇——浦东的杭州湾北经济带，以及杭州——绍兴——余姚——杭州湾新区——宁波——舟山的杭州湾南经济带，突出各自核心功能优势。杭州湾北的经济带由上海、嘉兴、湖州、杭州等市域形成，侧重于联通各地制造、科技、信息、金融、航运等要素，可成为具有全球竞争力的产业创新中心；杭州湾南的经济带由舟山宁波、绍兴、杭州等市域共同构成，充分发挥港口、贸易和通道优势，以创新智造、开放资本集聚和辐射为特色，构筑大湾区的发展骨架。

（二）推动湾区的融合共建

以湾内重大交通基础设施共建为依托，构建大湾区产业配套融合体系，提高参与全球产业分工的层次，延伸面向腹地的产业和服务链。

促进区域专业化协作分工。按照高端化、智能化、服务化导向，聚焦产业绿色转型、智能制造和创新体系建设，重点培育发展高端装备、新材料、节能环保、新能源汽车、航空航天等战略新兴产业集群，提升产业发展国际化水平和国际竞争力。

围绕环杭州湾经济带，构建开放型创新生态网络。完善创新合作体制机制，依托上海全球科创中心建设，更加注重大科学装置、基础研发设施和国际创新资源的引入合作，突出建设湾区创新共同体。

全面推进互联互通，推进铁路、公路、隧道、网络电缆和电网、路网等基础设施的互联，探索推进社保、医疗、教育、电信、环保等公共服务领域的同城化和一体化。充分发挥区内宁波舟山港、大小洋山港等各大港口，以及浦东机场、萧山机场、宁波栎社机场等各大机场的优势，通过江河海联运、海铁联运、公铁联运等多种方式，使杭州湾区成为国家在全球范围内实现货物和资本集散、市场拓展的空间载体和管理中枢。

完善杭州湾的高速网，加快城际铁路建设，完善河道水运网。可谋划建设环杭州湾第二大通道，从上海经过洋山、岱山后，经过舟山到宁波，形成公铁两路大桥，使得铁路直接上岛。建设从舟山港口到长江中上游河海联运通道与"一带一路"沿线国家和地区的设施联通、经贸合作和文化交流，利用上海、杭州、宁波、舟山等地各自的特殊定位、禀赋条件和政策优势，构建全方位、立体式的开放系统。

共同建设优质生活湾区，协同推进上海都市圈、杭州都市圈、宁波都市圈的建设；完善就业创业服务体系，推进社会协同治理，共建绿色健康湾区，有序推进各具特色的活力型、魅力型城市建设，提升中心城市、节点城市和特色城镇功能品质，提高湾区的宜居、宜业、宜游水平。

（三）促进区域协同发展

按照湾区经济新模式的发展要求，调整或构建相应的协调机制，尤其在跨行政区域的重大基础设施、公共服务、生态环境整治等领域，探索新的湾区协同治理机制。

推进要素市场一体化，全面深化杭州湾区的城市合作，推动劳动力、资本、技术、环境容量等要素跨区域流动和优化配置，实现要素市场一体化。推动跨城市的人口服务、社会事业和社会管理的协调发展，在全国率先建立湾区基本公共服务一体化发展机制。

发挥区域协调机制作用，构建"三中心两带"工作协调推进架构。建立起钱塘江流域、杭州湾流域等跨行政区域的重点区域、流域环境污染和生态联合防治协调长效机制。建立湾区城市轨道交通和综合交通枢纽建设的协调推进机制，实现区域通勤一体化。

（四）发挥重点城市的辐射引领作用

杭州湾区内的上海、杭州、宁波三大中心城市是推动湾区发展的主导力量。

杭州是杭州湾区的核心之一，2016年实现生产总值11050亿元，总量居全国第10位。作为历史文化名城，在G20峰会、亚运会等"大事件"的带动下，杭州近年来展现出强劲的发展实力。经济结构持续优化，服务业增加值占全市生产总值比重2016年首次超过60%，"首位经济"地位基本确立。文创、金融、电子商务、旅游休闲等引领发展格局初步形成，互联网金融领先全国，初步成为区域性金融中心和财富管理中心。萧山国际机场被定位为面向亚太的区域性航空枢纽，是世界百强机场、中国第四大航空口岸。杭州东站枢纽是目前接驳功能最为齐全、亚洲最大的动车交通枢纽之一。

3-8 | 广西壮族自治区北海市的中山公园

作为中国创新型经济发展最为活跃的城市之一,杭州多元化人文气息浓厚,一直位居"中国最具吸引力的城市"前列,有条件成为杭州湾区经济发展的强大引擎。

对杭州来说,增强湾区经济核心功能,不但进一步聚焦国际高端资源,谋划未来国际"大事件",提升实力,而且还能实现城市功能的国际化对接。充分发挥西湖"金名片"效应,以旅游国际化带动城市国际化,做大做强杭州世界级旅游休闲产业,充分挖掘"东方历史文化名城"的文化精粹,成为东西方文化交流的重要城市。借力G20峰会和亚运会等国际赛会的重大机遇,发展更高层次的开放型经济,增强对湾区内外的辐射带动功能。建立全球互联网营销评估指数,深化跨境电子商务综合试验区建设,构建全球最优跨境电商生态圈。

依托国家自主创新示范区、跨境电子商务综合试验区,杭州建设城西科创大走廊、城东智造大走廊，发展沿河沿湖高端商务带、钱塘江生态经济带，以及钱塘江金融港湾、空港经济区。杭州高新开发区（滨江）要致力于成为世界一流高科技园区。 城西科创大走廊致力于成为新的国家级高新区，城东智造大走廊则成为"中国制造2025"智能制造基地。可考虑全面推进撤县设区，实现全市范围都转为行政区，进一步突破区域一体化制度障碍。

依托国际性区域交通枢纽建设，加强基地设施互联互通，提升区域整体发展效能。建设杭嘉沪、杭湖宁、杭黄（徽）武、杭新景、杭金衢、杭绍甬等重大综合交通通道，

3-9 | 广西壮族自治区南宁市的金湖广场

提高对外互联互通能力。加快沪乍杭、杭义温、杭绍台、金建、建衢等铁路建设,形成杭州至省内各市高铁 1 小时交通圈。建成杭黄、商合杭高铁,谋划建设杭州至武汉的高速铁路,打通直通皖赣、中原及长江中上游城市群的快速通道。

完善城市轨道交通网和快速路网,提升杭州全国性综合交通枢纽功能。建设成杭州铁路南站综合交通枢纽,规划建设铁路杭州西站综合交通枢纽,健全萧山国际机场集疏运体系,提升各类交通运输方式的衔接配套能力。

推动东进向湾城市发展布局。将钱塘江作为城市内河来重新规划定位,带动城市发展重心向杭州湾方向东移。依托丰富的自然要素资源和深厚的历史文化底蕴,强化经济、交通、生态、景观、文化等功能,提高钱塘江两岸创新创业、社会生活等要素资源的密度和强度,增强两岸国土空间开发和功能组织的多元性和复合性。

将钱塘江塑造为杭州城市发展的"城市中轴",逐步成为拥江型、跨南北的杭州"主城"。突出钱塘江的中轴串联特色,统筹空间布局、产业发展、重大项目和用地保障,辐射带动杭州湾沿岸区域。将大江东作为承载杭州工业经济未来发展的主平台,发展汽车及零部件、航空航天、高端装备制造等行业,提升大江东与主城区的互联互通能力,带动实现工业经济"再造一个杭州"目标。将萧山区作为杭州"拥江发展、跨江发展"的重点,构建"一心两翼"全域城市化新格局,以钱江世纪城作为区域核心,建设一个高品质的城区;东翼依托萧山国际机场以及国家级临空经济示范区,建设一个空港新都市;南翼依托南部优异的生态资源,建设浦阳江生态旅游区。

宁波是我国东南沿海重要的港口城市,是杭州湾区仅次于上海、杭州的中心城市。宁波湾区的经济资源条件优越,县域经济发达,区位优势明显,象山港、三门湾区域拥有港口、海湾、海岛等优势资源,建设基础扎实,发展潜力巨大。宁波应发挥自身优势,谋取湾区经济发展的主动权,带动和提升城市的发展能级。

宁波推进余慈北部中心和杭州湾新区建设,建立环杭州湾南岸都市区,与上海的"南下临海"、杭州的"东进向湾"战略互为融合、互为支撑,形成杭州湾区的犄角发展之势。

启动沪嘉甬(跨杭州湾)铁路、环杭州湾快速通道、甬台温高铁、环杭州湾城际铁路等重大对外通道的规划建设。谋划建设宁波至象山城际铁路，规划建设象山港、三门湾区内联外接交通网络。加快杭州湾南岸区域的城市化进程，加强象山港、三门湾的开发及与相邻地区在产业布局、港口建设、旅游开发、生态保护等方面的合作，提高区域经济发展的协同性和整体性。

作为杭州湾临港产业核心，以及杭州湾区产业核心功能的承载区，宁波应瞄准全球产业链价值的中高端，聚焦智能装备制造、制造终端产品开发、智能无人系统应用、智能服务等领域，推动杭州湾南经济带成为具有全球影响力的制造业创新中心、全国重要的智能经济发展高地。

对标东京湾区，宁波围绕湾区产业重镇定位，建设成为国家重要的轿车研发生产基地，实现"十三五"期末汽车产能达到200万辆的目标。依托镇海炼化、大榭石化等大型企业3000万吨的原油加工、100万吨乙烯等产能，建设国家级绿色石化产业基地。依托国际海洋生态科技城、鄞州经济技术开发区，重点发展海洋高技术装备、海洋生物育种、海洋生物医药等产业，成为国家海洋高技术产业基地。

围绕"一带一路"综合试验区建设，强化"一带一路"国际港航物流中心地位，共建舟山江海联运服务中心，提升"海丝指数"国际影响力。建设中东欧投资贸易综合试验区，开展能源自由贸易试点，打造国际采购中心和国家贸易总部基地。建设"一带一路"保险综合服务中心，设立民营企业"走出去"投资基金；建立"一带一路"巨灾保险合作基金，推动设立"一带一路"财产保险公司等业务。

第三节　三角经济带环渤海湾

京津冀城市群是我国三大城市群之一,也是我国经济最活跃的区域之一,在我国经济大格局之中具有举足轻重的地位。在京津冀城市群的转型升级历程中,有一个词的提及频率十分高,那就是三角经济带环渤海湾。

翻开地图,三角经济带环渤海湾的美丽跃然眼前。

左面,是一片被海河、黄河等一条条母亲河蜿蜒引领着的辽阔大地,大地上的都市和村庄不断变幻着色彩。右面,是蔚蓝色的大海和以一条条连续的圆弧勾勒出的渤海湾美丽线条。

环渤海湾,如腾飞的巨龙,面向海洋,面向未来,对标世界级大湾区而建设。区域间的经济合作、横向联合、优势互补,为环渤海地区提供了广阔的发展空间。

一、环渤海湾的基本情况

渤海是我国的内海,地处辽东半岛南端和山东半岛北部连线以西。环渤海经济圈的地理位置优越,堪称"中国北部的黄金海岸";海湾内有三省二市,辐射辽阔,可至内蒙古中部、东部以及山西省。全区陆域面积达 112 万平方公里。

环渤海地区,幅员辽阔,拥有众多城市,城市数量达 157 个,约占全国城市总量的 1/4。其中,有 13 个城市的城区人口数量超过 100 万。环渤海湾城市群是中国北方最重要的城市群落,集政治、经济、文化、国际交往为一体。它以北京和天津为中心,沿海则以大连、秦皇岛、唐山、烟台等城市为外沿线,以沈阳、呼和浩特、太原、石家庄、济南等省会城市为区域支点。

在中国经济发展的版图中,环渤海湾发挥着重要作用。通过它的集聚、辐射和带动作用,一举成为北方经济发展的重要引擎。并被诸多专家一致认为,是继珠三角、长三角之后,我国的"经济增长第三个增长极",在对外开放战略中,发挥着不可替

3-10 | 广西壮族自治区防城港市北部湾海洋文化公园石刻

代的作用。

环渤海经济圈这个概念是在二十多年前提出的,对于其的规划和发展,国家给予了一些优惠政策。目前,学术界和经济界对环渤海湾的发展已达成共识,即开展经济合作,实现互利多赢,实现区域经济一体化。

当下,世界经济正发生着重大变化,增长中心已由西方发达国家逐渐向亚太地区转移。其中,东北亚地区不容小觑。凭借着优越的地理位置、丰富的自然禀赋、多层次的经济内容和强大的发展潜力,东北亚地区逐渐成为世界瞩目的焦点。而环渤海经济圈的地理位置正处于东北亚的中心,"东来西往、南联北开",让它能够辐射整个亚太经济区。因此,在通向亚太地区和连接全球方面,它起着重要的作用。潜在优势,让它成为东北亚地区的经济核心。

二、环渤海湾的发展历程

1984年3月26日至4月6日,根据邓小平提议,中共中央和国务院在沿海部分城市召开座谈会,并作出决定,进一步开放14个沿海港口城市,作为我国实行对外开放的一个新的重要步骤。

1986年5月26日至29日,被称为我国北方"金项链"的丹东、大连、营口、盘锦、锦州、秦皇岛、唐山、天津、沧州、惠民、东营、潍坊、烟台、青岛等14个环渤海的市正式对外开放。会议中明确提出"要建立环渤海经济区,开展多方面、多层次、多种形式的经济联合,促进经济的发展和繁荣"。

大会决定,联席会的主要任务是坚持改革开放的方针,从实际出发,按照"扬长避短、形式多样、互利互惠、共同发展"的原则,发展跨地区、跨部门、跨行业、跨所有制、跨城乡的横向经济联合,促进环渤海地区经济的发展和繁荣。

渤海是中国的内海,海域7.7万平方公里。在东北、华北、西北等地区走向世界的过程中发挥重要通道作用,同时还是欧亚大陆桥的主要起点。此外,海湾内的陆地幅员辽阔,资源丰富,科技实力很强,工业基础扎实。在先天优势和后天积累的双重加持下,环渤海区域经济具备强劲的发展动力,并为湾区开展国际交流合作提供了基础和便利。

与会者表示,打破行政区划的界限,发展联合成立一个以沿海城市为主体,以辽宁河北、山东、北京、天津等省市为依托,以东北、西北、华北为腹地,以5个经济技术开发区为"窗口"的环渤海经济区,必将开创这个地区经济发展的新局面。

同年8月,环渤海经济区的各个城市和地区,正式结成了技术市场协作网。

1992年,党的"十四大"报告中提出,要加快环渤海地区的开发、开放,将环渤海地区列为全国开放开发的重点区域之一。同年,正式对外宣传"环渤海经济区"这一概念,并针对经济区的发展,作出了单独的区域规划。

20世纪初,环渤海地区成为世界焦点,无论是国内还是国外,对环渤海地区的发展前景都普遍看好。从总的发展趋势来看,世界经济发生着重大变化,增长中心已由西方发达国家逐渐向亚太地区转移,位于东亚中心的环渤海地区,势必迎来更多的资金和技术。

2004年6月26日，在河北省廊坊市召开了环渤海地区合作机制会议，会议围绕环渤海地区建设的主要工作、相关问题等方面开展磋商，并对建立环渤海地区合作机制达成了一致，同时还发布了《环渤海区域合作框架协议》。

次年，组织成立了环渤海企业合作促进会，吸纳了环渤海各地市120余家有代表性的多种所有制企业入会，通过组织一系列发展论坛和经贸联谊活动，为区域企业发展壮大，搭建合作共赢的平台。

2006年，天津滨海新区逐渐开发开放，环渤海湾也被逐步纳入国家战略，环渤海经济圈内的各省市在公平竞争中实现共赢。

20世纪80年代，中国经济发展的第一极出现了——以深圳为龙头的珠江三角洲地区，强势崛起，并推动了中国经济的高速发展。到了90年代，经济发展的第二极也出现了，标志是以上海为核心的长江三角洲地区的飞速发展。进入21世纪，不少人认为，以天津滨海新区为驱动核心的环渤海湾，有实力成为推动中国经济高速发展的第三极，为全国经济注入蓬勃的新动力。

三、环渤海湾发展的优势条件

环渤海地区与全国其他经济区相比，具有五大优势。一是地理区位十分优越；二是自然资源非常丰富；三是海陆空交通发达便捷；四是工业基础和科技实力雄厚。环渤海地区是中国最大的工业密集区，是中国的重工业和化学工业基地，在资源和市场方面占优势；五是科技和教育优势。这些优势构成了环渤海湾发展的基础条件。

（一）优越的地理区位优势

环渤海，位于华北、东北、华东三大区域的接合部。环渤海经济圈是中国东北、华北、华东三大地区的重要接合部，是扼居中国北方通向海洋的门户。环渤海带上的港口城市历来就是东北、华北、西北和华东部分内陆地区的进出口通道和货物集散地。东北三省及内蒙古东四盟的粮食和能源丰富，它们的一些产品。譬如，粮食、畜产品、石油等，都需要通过这里发往全国各地。此外，还有华北地区和西北地区的石油、煤炭、皮毛等。渤海地区的海产品，甚至还有来自新疆和青海等地的货物，都要从这里运往全国甚至世界各地。同时，这里又发挥着通道作用，支撑着北京和全球近200个国家和地区实现贸易往来。国外的设备、资金、商品进口，都要从这个通道流过，才能进入中国北方。滨海新区的面积十分广阔，它包含13个省和自治区，土地面积约占国土面积的百分之六十以上，这个占比即便是在世界沿海湾区都十分少见。不仅如此，辽阔的腹地面积，也意味着它可以和众多资源产地做"邻居"。譬如，物产丰富的黑龙江、拥有能源重化工基地的西北地区以及农业大省河南等。这一巨大优势，是长三角地区和珠三角地区所不能媲美的。

面向东北亚的重要通道。环渤海经济圈位于东北亚经济圈的中心部位，是中国和东北亚地区的接合部。不仅与朝鲜、蒙古接壤，而且与韩国、日本隔海相望，不但是中国各经济区中联系周边国家最近最多的地区，也是中国沿海最为邻近日本、韩国、

3-11 ｜ 广西壮族自治区防城港市的北部湾海洋文化公园石刻

朝鲜的地区。地理距离是地缘关系的因素之一。由于距离较近，且沿岸港口密集，通过海上运输可以大大减少运输成本，为相互间的经济合作提供了天然捷径。不仅如此，区域经济发展的不平衡性，也进一步形成了环渤海经济圈与日本、韩国西海岸之间依存的地缘关系。在中国沿海地区，环渤海经济圈的重化工业发达，城市和人口密集，是中国经济发达的地区；而在日本、韩国的西海岸地区相对于其东海岸地区来说是经济较落后的地区。由于黄海、渤海两岸这种特殊的地缘关系，非常有利于中、日、韩三国之间开展区域经济合作。因此，在我国北方地区与东亚各国开展交流合作的过程中，环渤海经济圈发挥着重要的门户作用，能够成为磋商合作的前沿阵地，帮助北方地区在国际合作中掌握主动权，具有重大的战略意义。

新亚欧大陆桥的东部桥头堡。新亚欧大陆桥带沿线共有50余个国家，其政治经济、文化、社会环境极其复杂并存在着多方面的极大差异性，从而形成了国家与国家、地区与地区、民族与民族之间巨大的互补性。因此，亚欧大陆桥的贯通，为众多内陆国家的外向型经济发展提供了良好的出海通道。而环渤海经济圈是新亚欧大陆桥的东部必经之地，有众多港口可作为陆桥上岸的起点港。如大连港、秦皇岛港、天津港、青岛港等。不仅如此，在中国境内的新亚欧大陆桥沿线是我国中西部地区的主要产业聚集区。在沿线分布有冶金、煤炭、石油开采和纺织工业基地以及专业化城市，是未来中西部地区经济发展的增长极。其拥有的3个产业带是国家制定的西北规划重要地区，能源工业、石油化工业、机电工业和轻纺工业具有广阔的发展前景，沿线各地客货交易密切，与东部沿海地区有着密切联系，对今后国际集装箱运输和高时效、高附加值商品交流有着巨大的潜在需求。

同时，环渤海湾是中国政治、文化中心的所在地。该地区是我国政治、文化教育、科技、信息和对外交往中心。因此，不仅拥有优惠政策、政府资源，对北京吸引更多资金和人才也起着促进作用。同时，也使得环渤海经济圈具有很高的集聚效应。此外，这个地区的信息流通、经济消息传播快速，与全球市场的联系也很畅通，有助于城市吸引外资和开展国际贸易。因此，也能较大程度地带动周边地区经济的发展。这一优势是长江三角洲和珠江三角洲所无法比拟的。

（二）丰富的自然资源优势

环渤海湾是发展现代工业所需的能源、黑色金属、有色金属、化工原料、建筑材料等五大类矿产资源的云集之地，具备现代经济发展的一切自然资源，而且分布均匀，开采条件较好。它的矿产资源储量多、种类广、配套好，是其他两个三角洲所不具备的，而且它的能源储量位居全国之冠。此外，环渤海经济圈还有着丰富的水产资源和旅游资源。

环渤海地区拥有得天独厚的自然禀赋优势，区域内有着丰富的自然资源，尤其是能源和矿产资源。可以说，这在我国沿海地区十分少见。并且这些资源的分布并不分散，而是相对集中。因此，对于国家而言，较为容易开发投产，并能够实现较高经济价值。此外，环渤海湾地区的自然资源具有较强的互补性和较为优越的匹配条件，有利于进行规模化开采和深度加工利用。

得天独厚的矿产资源。环渤海地区的矿产资源非常丰富，矿产资源储量之多与种类之广，是中国其他沿海地区所没有的。主要矿产资源在全国占有主要地位。

能源储量位居全国之冠。环渤海地区的石油储量非常丰富，从辽河平原一直到华北平原是一个断陷地带，这个地带内是石油蕴藏的富集地区。现有华北、胜利、大港、中原四个油田，产量仅次于大庆，位居全国第二位。渤海是一个中、新生代沉降盆地，埋藏着丰富的油气资源，现已探明的渤海湾石油储量达6亿多吨。环渤海地区还是中国煤炭最丰富的地区，煤炭探明储量占全国煤炭总储量的60%以上。其中，山西省的煤炭储量最多，探明的储量占全国的三分之一。

潜力巨大的海洋资源。作为国内最大的内海，渤海有"天然鱼池"的美誉。它不仅有着丰富的鱼虾和贝类等水产品资源，而且有着丰富的海洋资源；既有哺乳类的海豹、鱿鱼等软体海洋动物，又有海虾海蟹等甲壳类动物以及海参、海蜇、海带、紫菜等海产品。据不完全统计，海洋动物和海洋植物种类高达170多种。其中，主要的鱼类就超过百种。除动植物之外，还有潮汐能、风能、温差能以及石油、天然气、金、铜、铁等藏量丰富的能源资源。

富饶的农、畜资源。环渤海地区，包括华北平原、黄淮海平原和辽河平原，是中国农业发达地区之一。这里是全国重要的小麦、杂粮、棉花、油料和水果生产基地；西部地区，是全国林、牧业基地之一。内蒙古巴彦淖尔盟的河套灌区，是亚洲最大的自流引水灌区。灌区总面积为118.9万公顷，由黄河自流引水，灌溉条件优越，主要排水工程已基本形成。环渤海地区还是全国重要的粮食产区，主要粮食作物有小麦和杂粮。棉花也是环渤海最重要的经济作物，播种面积约占全区经济作物播种面积的一半左右，约占全国棉田面积的五分之一。

绚丽多彩的旅游资源。环渤海地区的旅游资源丰富多彩，既有陆上的自然景观和人文景观，又有变幻莫测的海洋景观，这些景观汇集成海光山色独具风格的旅游景观。环渤海地区还有着丰富的自然科学旅游资源。如北京有密云太古代变质岩、十三陵中上元古代地层、周口店的中国猿人等。环渤海地区的人文景观尤为突出，并名震中外。最著名的有北京的故宫、长城和十三陵，以及内蒙古赤峰市辽中京遗址上的八角密檐式砖塔。环渤海地区的许多滨海城市利用其丰富多彩的海洋自然景观和人文景观，大力发展现代商贸旅游，受到了国内外游客的欢迎。

（三）现代化的交通网络优势

从总量上分析，环渤海经济圈是中国交通网络最密集的区域之一，主要体现在密集的港口群。环渤海经济圈的港口在国内占有突出优势。在占全国近1/3的"C"字观的海岸线，密集分布着大中小型的各具特色的现代化港口群。该区域港口的地理位置优越，依托的城市经济发达。目前，环渤海经济圈的吞吐量在千万吨以上的大型港口，有大连、秦皇岛、天津、烟台、青岛、日照。其中，天津、秦皇岛港枢纽港均与铁路干线直接相连，并与世界160多个国家、地区建立了经贸关系。年吞吐量在100万吨以上的中小型港口有丹东、营口、锦州、龙口、威海等。此外，还有30多个地方港口。环渤海经济圈港口的货物吞吐量占全国沿海港口的40%，其中发送量占全国的60%，通过港口出口的外贸总量占全国的78%。特别是在粮食、煤炭、原油的进出口方面，优势明显，这在全国独一无二。

连接东西、南北的大通道。环渤海经济圈的铁路是我国交通运输网络的骨干，是全国铁路最密集地区之一，是贯通南北的枢纽。全区铁路以北京为中心，纵横交错、四通八达，十多条铁路主干线和地方线、联络线组成铁路网络，通向区内和全国各地。纵贯南北的铁路干线有京沪、京九、京广、哈大、京沈等，横贯东西的铁路干线有京包、石德、石太、胶济等。

高密度的公路网络。环渤海经济圈的公路网络以北京为中心，由国家、省际、县乡三级公路组成，是全国公路最稠密的地区。尤其以京津两市和河北省的公路密度最大。京、津、冀公路网以"井"形的铁路干线为经纬，以北京、天津、张家口为中心，交织成四通八达的公路网。

环渤海经济圈的高速公路发展迅速。主要有京津塘、沈大、京石、济南至青岛、烟台至威海等高速公路。其中，京津塘高速公路，是我国第一条利用外资并按国际标准组织施工的跨省市高速公路，辐射面积达7100平方公里，经济效益非常巨大。据测算，京津塘高速公路可使天津港60%的集装箱经由高速公路出港，还可为京津塘铁路分流1/3的客运量。京津塘高速公路实现了门到门的集装箱运输方式，使天津由此真正地成为首都和华北地区的海上门户，并且加快了北京与天津城市带联合的趋势。根据国家规划，京津塘高速公路沿线已开辟高新技术产业带，使之成为中国北方重要的高技术走廊。

另外，环渤海经济圈的航运发达。北京、天津等城市都建有现代化的国际机场，先后和数十个国家、地区有着包机联系，并开辟了上百条国内航线和几十条国际航线。中心城市北京是航空线的交汇中心，也是我国通往世界各大城市的交汇中心。此外，天津、秦皇岛、青岛、大连等城市的航空港也有一定规模，使得渤海经济圈拥有便利发达的航运优势。

通过以上分析不难看出，本区的交通，在分布上具有典型的经济聚集的纵向和横向的优势效应。在整体配置中，其特点是以京津地区为中心、以山东半岛和辽东半岛为两翼、以区内交通干线为主轴，形成了铁路干线产业整体和海滨地区对国内、国外两个扇面的最大基地。如果把区域内的京津塘地区、山东半岛、辽东半岛形成的三角形看成是交通聚集的横向优势，那么哈大、京沪、京沈三条大动脉以及连接欧亚大陆桥出口的大连港、天津港，则充分体现了交通聚集的纵向优势。

3-12 | 广西壮族自治区防城港市的北部湾海洋文化公园石刻

（四）雄厚的工业基础优势

环渤海经济圈是我国最大的工业密集区，平均每百平方公里就有 19 个国有企业，密度比全国城市高 28%；每百平方公里的工业产值为 1.4 亿元，基本形成了以能源、化工、冶金、建材、机械、电子、纺织、食品八大行业为主体的轻、重工业配套齐全的工业体系。与国内其他地区相比，有一定的综合配套能力和比较优势。特别是以钢铁、石油化工、海洋化工、电力为主体的重化工业规模巨大，已形成比较雄厚的经济基础；是我国最大的重化工业基地，许多重化工产品在全国占有举足轻重的地位。其中，原煤、生铁、原盐产量占全国一半左右，原油、钢、成品钢材、塑料等分别占 40% 以上。鞍钢、本钢、首钢、大钢、唐钢、邯钢等大型骨干钢铁企业；辽河、胜利、大港等大型油田；辽阳、大连、燕山、齐鲁、渤海等石化企业；沈阳、大连、青岛、北京等飞机、汽车、输变电设备、机床和机车等机械制造业都集中在这一地区。其中，许多制造业都具有"老字号"的历史，是我国近代工业的发祥地之一。随着新时期对老工业基地改造力度的加大，新政策的不断出台，这些传统制造业将形成新的产业链，并释放出巨大潜力。

同时，随着各地方高新技术开发区的快速发展，电子、信息、通讯、生物、医药等新兴产业获得较快的发展。尤其是电子信息产业，京津两市信息产业经济效益位居全国第一、二位。

（五）科技和教育优势

环渤海经济圈拥有较强的科技和人才优势，不仅工业生产有较高的技术水平，同时也是中国重要的科研开发基地。全区拥有高等院校300多所，相当于珠三角和长三角的总和，占全国的27%。高等院校教师约占全国的1/3，高校学生数约占全国的1/4以上。尤其是北京、天津两市汇集了许多著名高等学府和科研院所，是全国科技人才最密集的地区，这在中国其他沿海地区也是少有的。其中，北京是全国最大的教育中心、科学技术研究基地，有科研院所360个，位居全国第一；普通高校64所。高校云集，全市每年获国家奖励的科研成果占全国的1/3。天津有37所大专院校，可依托北京的教育和科技发展平台，发挥教育产业的独特优势。北京、天津、辽宁三省市人口占全国的5.2%，而各类科技人员却占全国的29.4%。其中，从事研究与开发的工程师平均为4732人，是全国平均值的2.13倍。而长江三角洲地区的工程师平均为2109人，珠江三角洲地区的工程师平均为828人。这里不但集中了中国一流水平的科研、教学、管理、规划、设计等机构，而且还是全国最大的图书资料和科技信息中心，掌握着各种先进科学技术和现代管理知识的专门人才在全国首屈一指，可称为中国高科技产业发展的"硅谷"基地。

四、环渤海湾建设的现实困境

第一，环渤海地区虽然腹地丰富，但产业发展极度不平衡，产业协调发展难度大。环渤海地区间的产业鸿沟巨大。北京在高新技术产业和经济实力方面均占有绝对的强势地位；天津多年来主要由工业投资驱动经济发展严重偏科；山东、河北、辽宁的产业发展均过于依赖劳动密集型、资源密集型产业，产业较为粗放，高新技术产业难以发展。一强四弱局面的背后，使得产业协调难度极大。

第二，环渤海地区的几大城市群多年来定位不明确，同质化竞争严重。北京的优势明显，但北京与津冀鲁辽四地在产业发展上缺乏互补定位，不具备互补性。津冀鲁辽多依托港口布局，堆积大量石化、钢铁、能源、电力、船舶、汽车、装备制造业等过剩产能，竞争大于合作。由于未能形成合理分工，导致了各城市间争夺腹地现象严重。

第三，环渤海地区缺乏创新意识，市场化不到位，官本位思想阻碍区域发展。除北京外，环渤海大湾区并不具备粤港澳地区城市的开拓意识和创新思维。反观粤港澳大湾区的几个重要支点城市，无论是一线城市广州、改革开放的窗口深圳、亚洲四小龙之一的香港，还是以博彩经济闻名全球的澳门，其思想开放程度和创新思维均是环渤海地区无法比拟的。辽宁的问题在于对国有经济依赖严重、市场化程度不高、官本位思想严重、体制僵化、营商环境糟糕。尽管振兴东三省的呼声已久，但"投资不过山海关"的魔咒没有破除。山东经济虽然在近年来取得一些成绩，但严重的官本位思想严重阻碍了经济活力。山东本地精英不愿投身创业，而是热衷于做公务员。很多企业家把"与政府搞好关系"看得极为重要，与重视技术发展相比，他们不得不更重视政商关系。天津的计划经济观念根深蒂固，造成产业结构偏重偏旧、新动能增长点青黄不接、资源环境难以为继。河北的问题是积重难返，与计划经济思维的影响相关，长期依靠高投入、高消耗、低效益的粗放型经济增长方式，使高新技术产业动力发展不足。

与长三角和珠三角相比，环渤海经济区在众多创新指标，诸如专利申请数、研发支出占GDP比重等方面大幅落后。2019年，北京研发支出占GDP比重达到了5.8%，与上海、深圳等城市基本相当，而河北、辽宁、山东三省支出比重均低于2.5%。

第四，渤海湾地区仍处于工业经济阶段，服务业比重偏低。众所周知，在衡量一个地区经济发展阶段时，产业结构是标准之一。但在环渤海湾地区中，大部分省市的第三产业比重不足60%。与之相比，纽约湾区和东京湾区等世界级湾区的比重都超过了80%。因此，该湾区的资源配置能力不仅达不到世界一流水平，而且即便是与本国的湾区相比（譬如粤港澳大湾区），也存在不小差距。

第五，湾区内部分省市处境尴尬，存在被边缘化的潜在可能。翻阅近几年的国家区域发展战略不难发现，环渤海附近的一些城市和省份，似乎被边缘化了。比如，在"一带一路"的倡议中，提到了诸多城市和省份，对渤海附近的山东、辽宁等地却没有提起。在"一带一路"的倡议中，渤海地区可以说是被放到了边缘地带。反之，如果湾区能够对接这一倡议，东有韩国与朝鲜，西接"一带一路"的政策，环渤海湾发展海洋经济，可以说就比较容易了。

五、环渤海湾经济发展的经验和策略

从世界三大成熟湾区的发展经验不难看出，强大的科技创新能力、完善的金融系

3-13 ｜ 广西壮族自治区防城港市的北部湾海洋文化公园石刻

统和超高的开放程度是湾区经济高度发展的共同特点。这些或许对渤海大湾区的规划与发展具有一定的借鉴价值。

对于环渤海经济区而言，未来充满了众多的机遇。首先，区域内一体化与协作性发展尤为重要。一方面，环渤海不同区域的上下游产业能借此有效打通与衔接。另一方面，也能避免重点产业间的重叠发展与过度竞争。由于其特殊的区位与政治经济地位，北京拥有一系列的优势产业。诸如，金融、教育、信息、零售与技术服务；天津在运输与制药领域较为领先；而河北、辽宁和山东则分别在冶金、重工业与制造业方面有所专长。对优势产业的精准聚焦与跨区域间的产业协同，将在很大程度上提升环渤海区域的未来发展。

随着中国加入区域全面经济伙伴关系协定，对外贸易将在国家未来经济发展中发挥更为重要的作用。环渤海经济区作为中国连接东北亚的重要门户，需要不断提高自身开放程度嵌入全球产业链条，并在国际市场上发掘更多的机遇。

（一）突破行政限制，城市合理分工

为了充分发挥经济发展的力量，环渤海经济区必须突破行政限制，形成完整的、具有竞争力的、城市间分工合理的产业体系和公共设施体系。与世界各国实现开放式连接，又保持自身很强的区域性。这是实现环渤海经济圈发展的重要思路。

一方面是反对局部封锁，彻底消除阻碍生产要素流动的制度性障碍，使各类企业成为区域经济活动的主体，实现资本、劳动力等生产要素的自由流动。一方面是核心区和重点城市进行合理分工。例如，在环渤海经济圈的三大核心区中，京畿地区是首都所在地，因此该地区发挥着国家政治、科技、教育、文化中心和对外交流中心的作用，值得重视。山东半岛在石油、石化和海洋化工、机械制造、电子轻纺等领域有较好的产业整合机遇，通过统筹调整、搬迁和产业协同，对接传统产业优势，推动产业融合发展。辽东半岛是以重型机械、造船、化工为主的重工业基地。在这一核心领域，以原油产业为基础，积极改造传统产业，提高制造业生产效率，实现资源优化配置。

合理的定位对于区域内的城市也很重要。北京作为首都，既要强化商业、金融、信息和科技创新功能，又要缓和部分生产和服务功能。天津市需进一步发挥港口和滨

海新区作用，强化生产制造基地功能，强化物流制造基地功能，展现现有优势的电信产业。河北将大力发展生态农业、特色农业、出口创汇农业，发展优势医药、纺织等产业。在辽中区沈阳，强化现代服务业功能，发展现代制造基地功能。大连将发展物流和国际交流功能。其他中小城市将发展制造业基地，加强与大城市产业的融合。济南加强了中心城市的服务功能，烟台加强了物流和出境制造基地的功能，其他中小城市发展了农产品加工和功能互补。特别是现阶段港口之间的合理化，必须加强合理分工，合理安排物流发展。

（二）京津协同发展，提升城市竞争力

区域经济的发展往往由一两个城市带动，珠三角地区的带动城市是广州和深圳，长三角地区则以上海、苏州、南京、杭州为龙头。渤海湾经济建设与京津两地城市竞争力的提升息息相关。天津要努力建设现代化港口城市和中国北部重要的经济中心。北京则要继续发挥政治中心、文化中心的重要作用，同步大力建设成为金融中心，并大力发展高新技术产业。天津港口优势明显，要尽量扩大，并大力支持一些以海洋经济为主的中小企业和民营经济。只要这个经济整合机制形成，相当于环渤海地区也有了中心带动城市。

这些年来，天津地区的发展势头比较迅猛，经济增速快，GDP连续多年增幅甚至高于全国经济增幅。天津作为湾区内工业竞争力最强的城市，在中国城市综合竞争力排名中，也能够跻身前十名。它的工业能力同样不容小觑，发展势头很猛。在科技方面，天津的竞争力也很强，在全国排名前三。因此，天津实力不弱，完全有条件起到充当龙头城市的作用，在环渤海经济圈中带动其他城市发展。因此，有必要从各个方面努力，让天津的城市竞争力再上台阶，进一步提升天津城市的竞争力。比如，为了促进境内外投资者并购境内企业，天津要大力发展产权交易市场，建立一系列完善的中介服务体系；进一步解放土地、劳动、资本、管理和科技，转变企业的所有制结构等，进一步打造优势产业。除了发展海洋经济外，作为老工业基地，天津还应重点布局产品制造加工业、智能制造业、高新技术产业等。譬如，电子信息产业、新能源汽车、生物制药与现代医药等。

在天津和北京的协同发展方面，国家一直十分关注，也出台了许多具体的规划和政策。除此之外，随着北京、天津、唐山等城市经济的快速发展，京津冀区域经济合作必然加强，环渤海地区将迸发强大的发展潜力，经济发展将空前活跃，成为国内经济发展的重要力量。

（三）积极推动产业整合，建成世界制造业基地

产业是一个地区发展最核心的因素，上面提到，环渤海地区要大力发展工业、海洋经济、制造业、高新技术产业。除此之外，还要努力成为世界制造业基地。早在20世纪，伴随着世界制造业逐步从西方国家以及日本、韩国等国逐渐向中国转移，中国就逐渐开始步入新的重工业阶段。而环渤海地区，是中国与世界的接合部，尤其是山东半岛、辽中南地区以及京畿圈，不仅临近周边国家，而且还集中着诸多的制造业。因此，在环渤海地区建设世界制造基地，有着优越的条件和成熟的基础。

要打造世界级的制造基地，就要让环渤海地区提高国际竞争力，成为世界制造的首选，这需要从诸多方面着手努力。例如，可以对现有产业结构进行调整和升级，并大力发展技术创新，加快抢占世界产业发展的制高点。可以大力推进制度创新，加快建立适应市场经济的企业体制。还可以进行产业跨省市、跨地区重组，实现产业整合，放大产业集群优势，提升区域整体的产业竞争力。

具体而言，推动产业整合主要有如下几点思路。

1. 调整体制机制，尤其是不利于实现重组的机制。例如，税收机制、金融体制等，加快出台相关政策用以保障。

2. 加快推进产业结构调整，加速产业升级，大力发展科技创新，加速产业整合。

3. 加大政府支持力度，由政府层面出台相关政策，加大对跨省市重组公司的支持。

4. 建立产权交易市场，为产业重组提供便利。

（四）统筹决策，促进环渤海一体化

如果只从某一个特定的行政区出发，来构思一个区域的发展，往往是行不通的。要想实现区域快速发展，必须要统一的思想，进行统筹规划。对环渤海湾来说，同样如此。具体而言，在统筹规划方面，环渤海地区应做好如下几方面的工作。

3-14 | 广西壮族自治区防城港市的北部湾海洋文化公园石刻

1. 建立区域统筹管理的机构。行之有效的机构是重要保障，能够有效并切实加强区域的统筹管理，这一点早有实例论证过。例如，长三角地区就有市长联席会议，负责对重大事项的磋商。此外，还有每年召开的学术会议，在学术层面探讨长三角地区的发展规划。珠三角地区也存在这样的机构组织，能够帮助区域实现统筹发展。因此，对环渤海湾而言，他山之石可以攻玉，也应该建立这样的机构，专门负责研究区域整体发展战略，并磋商讨论区域内企业在协作、合作、竞争、重组等各个方面的发展；协调各方利益关系，建立协调和仲裁机构，减少各地区在进行经济活动时的利益不均衡或者摩擦。

2. 制定区域发展的总体规划。这相当于制定一本总的行动指南，明确了方向，确定了道路，避免了重复建设，节约了资源，也可以在一定程度上避免内部各城市、各地区的恶性竞争，能够在顶层设计的层面实现环渤海的一体化发展。这一点至关重要，尤其是环渤海湾内城市数量庞大，对于不同的行政主体而言，其发展定位、区域定位必然是不一样的，要实现一体化发展，必须在规划制定上就设计好。

3. 构建京津冀交通的网络化体系。没有完善的交通体系，区域一体化发展只能是空谈，这是最重要的硬件基础之一。要加快区域内交通网络的建设，以通勤为轴线，建设主要交通通道。交通网络的完善，能够实现公路快速运输，实现城市间交流效率的大幅提升和物流运输成本的大幅下降。尤其是环渤海地区内多个城市过去以传统重工业为主，能源、原材料等大宗货物占多数，因此铁路运输依然是重磅。铁路建设依然是重中之重。此外，伴随着交通道路的扩大，能将中心城市的一部分产业进行延伸，推动近郊地区和周边城市的发展。周边城市的发展不仅是经济增长的重要支撑，也可以承接一部分产业，与中心城市在空间和功能上形成互补。

4. 完善区域内部合作机制。为了保障环渤海湾区内的资源、人才、资金、生产资料等要素能够实现流通，应进一步完善相对应的合作机制。譬如，建立统一市场、消除异地交易关卡、建立异地银行间的结算体系、实现企业异地注册等，让企业间的交流合作更为便捷高效。

五、促进民营经济发展,积极引进外资

资本是经济发展最重要的条件之一,环渤海地区的经济发展,除了大型国企之外,民营经济和外资经济也是重要部分,绝对不能轻视乃至忽视。

通过民营经济综合投资能力,放宽民营企业投资板块,引导民营企业向新能源、新材料、航空运输等现代产业发展。其中,还包括经济实力、现代企业管理制度、人力资源等。更重要的是,它将允许民间资本进入金融业,改造农村信贷公司、城市商业银行,甚至在国有商业银行的股份制改造后,也能进行适当的投资。

在环渤海地区投资的民营企业家,要放大自身的优势,避开自身的劣势,专注主责主业,加大力度提高企业核心竞争力,打造企业品牌,扩大企业影响力。各级政府要构建要素市场,实现资本、劳动和其他生产要素的自由流动,为各种企业发挥区域经济活动提供保障,促进和实现自由海经济一体化的发展,实现环渤海地区民营经济的飞跃发展。

第四章
风生水起的北部湾

通过前面几章对中外几大湾区经济的形成过程和具体内容进行梳理可以发现，几大湾区经济的形成在地理条件、区位优势、对外开放的引领效应方面具有一些共性；而在形成原因、历史进程、运作机制和功能使命方面存在差异。

相比之下，我国三大湾区是具有中国特色社会主义的新湾区经济，这是我国改革开放后因地制宜、对症下药而进行的顶层设计结果。

国内三大湾区的形成无独有偶，是历史和使命所趋。自唐代以来，广州一向是我国最重要的商港之一；上个世纪 90 年代初，上海浦东的开发和开放带动了长三角以及长江流域经济的新飞跃；而以北京为中心的京津冀经济圈也是我国重要的政治文化经济中心……由此，可以看出，国内三大湾区的成功，不仅是历史文化因素的加持，更是因为它们本身就具有对外开放的条件，得天独厚的竞争优势，让它们就已经甩开普通城市一大截。

现在，带着这样的思路，我们将目光投向广西北部湾。

第一节 我国湾区经济开放度对广西北部湾经济建设的启示

一、广西北部湾的基本情况

广西北部湾经济区，位于我国沿海西南端，由南宁、北海、钦州、防城港、玉林、崇左所辖行政区域组成。陆地占地面积4.25万平方公里。

广西北部湾地区拥有港湾港口、亚热带海洋生物、滨海旅游、油气和砂矿等丰富的海洋资源。它坐落于祖国西南部、毗邻粤港澳、面向东南亚，是我国南端沿海的交汇地区，在与东盟开放合作的大格局中具有重要战略地位。

进入21世纪以来，北部湾地区的海洋产业发展加快。而国家也早在2008年1月16日，就正式批准实施《广西北部湾经济发展规划》，规划指出广西北部湾的规划期为2006—2050年。

同时，国家发改委也强调指出：广西北部湾经济区是我国西部大开发和面向东盟开放合作的重点地区，对于国家实施区域发展总体战略和互利共赢的开放战略具有重要意义。要把广西北部湾经济区建设成为中国—东盟开放合作的物流基地、商贸基地、加工制造基地和信息交流中心，成为带动、支撑西部大开发的战略高地和开放度高、辐射力强、经济繁荣、社会和谐、生态良好的重要国际区域经济合作。[1]

后续更是有多达166份政策文件相继出台，极大地助力了北部湾地区海洋经济的发展。

有了区位优势和政策支持，北部湾未来可期。

---

[1] 来源于广西新闻网2008年02月21日文章《国家批准实施＜广西北部湾经济区发展规划＞》

二、湾区经济的开放度

经济开放度是指在市场经济下的经济开放的程度。学术界已经对经济开放度的含义有了较为统一的看法。在目前的讨论中，普遍认为经济开放度的内涵有两层。一是本国经济以何种方式、何种程度、何种代价进入世界；二是允许别国经济渗透本国经济的方式和程度。

一般来说，经济开放度以定量分析为主、以综合测定指标体系来衡量经济开放度。指标包括：一国平均关税税率、非关税覆盖面、是否计划经济模式、主要出口商是否为国营垄断企业、官方汇率与黑市汇率差值等。

经济开放度通常有以下八个衡量方式。

1. 用对外贸易比率、对外融资比率和对外投资比率来衡量经济开放度。

2. 采用国际收支自主性交易项目的借方余额和贷方余额占 GDP 的比重来反映经济的对外开放程度。

3. 用外贸易的依存度、价格差异、实际关税率以及外汇市场扭曲度等指标测算贸易开放度。

4. 分别分析数量开放度和价格开放度。数量开放度是衡量资本流动对一国经济总量规模的影响程度。价格开放度是指一国经济活动与国外经济活动在价格上的关联程度。

5. 贸易开放度和金融开放度的综合分析。

6. 从考察一国经济体制的开放性来判断经济的开放度。例如，我们常见的关税税率和非关税壁垒覆盖率。

7. 以名义汇率与实际汇率的差异程度来衡量。

8. 建立经济开放度测算模型，常用的有如下三种模型。

模型①：

$Y = \alpha \times F/GNP + \beta \times P/F + \gamma \times C/T + \eta \times D/C + \xi R$；

模型②：

EOi=(货物进出口贸易额 + 直接投资额)+i 产业的产值 ×100%(一国的经济开放度

4-1 | 广西壮族自治区北海市侨港风情街

就可以从产业的角度进行考察);

模型③:

通过建立对外贸易比率与人口、国内生产总值等的多元回归方程，计算特定国家的"内生对外贸易比率"，而经济开放度则是对外贸易比率与内生对外贸易比率的差值。

2017 年，马忠新发表的硕士论文《我国湾区经济对外开放度的比较研究》中，重点描述了关于我国湾区经济内部各城市对外开放度的测算。马忠新以"增长极"理论与"引力模型"理论为理论基础，使用主成分分析法和空间计量模型进行实证研究与检验。在文中，以粤港澳大湾区和上海杭州湾区为例，使用 SPSS23 软件工具分别计算两个湾区内各城市对外开放度的排名情况、旧变量的相关系数。研究数据均来自《中国统计年鉴》以及各省市各年统计年鉴,故比较具有参考性。从中分别提取两个主成分,用以解释旧变量信息总量的比例,它们分别是 92.115%、88.154%。

则粤港澳大湾区的主成分特征值 $\lambda 1=1.818$,$\lambda 2=0.945$。

综合主成分 Q=q1*1.818/2.763+q2*0.945/2.763

上海杭州湾区的综合主成分特征值 $\lambda 1=1.908$,$\lambda 2=0.736$。

综合主成分 Q=q1*1.908/2.644+q2*1.908/2.644

通过马忠新的测算,可以发现,无论是对外开放优势,还是对外开放层次的定量分析,排名靠前的城市(例如,上海、杭州、广州、北京等)都位于三大湾区辐射区内,甚至还是湾区城市群中的"主打城市"。

马忠新在文章中指出,湾区经济的对外开放度比其他经济形态更高,这个结论适用于所有城市,并没有地区或辐射区内外之分。在测算中的城市数据均呈现出梯度的开放层次:"对外开放距离"越大,对外开放度越低。我国湾区经济对外开放度影响因素估计,采用随机效应的空间杜宾模型作为最佳模型分析。根据结果回归分析,可以得知,我国湾区经济对外开放与交通运输便利性、人力资源水平、市场化水平等影响因素具有相关性。这个结果不仅在文献中已经得到证实,放眼国内外湾区的现实情况,确实是存在这样的影响因素的。那么,关于广西北部湾的建设和发展,我们在前人的经验成果上可以学习到什么呢?

三、北部湾经济对外开放与发展的制约因素分析

(一)交通运输水平还有所欠缺

徐启斌说,要致富,先修路,这个观点放在湾区建设中也是十分合理。改革开放后,广西先后投资 1200 亿元用于进行交通基础项目建设,包括公路、机场、港口以及千吨级航道等。经过许多年的努力,现代化的西南出海通道框架已初见雏形。随着西部大开发的不断深入,西南地区及北部湾的经济也在快速发展,特别是中国—东盟自由贸易区建设进程的加快、泛珠三角经济圈的逐步形成,让广西的交通枢纽地位日益显现。

然而就目前来说，广西北部湾的交通基础设施与便捷度和三大湾区相比，还有很大的提升空间，缺点是规模和水平还不能完全适应社会经济发展的要求。粤港澳大湾区、上海杭州湾区、环渤海湾区是我国交通基础设施最为发达的三大地区，拥有庞大的港口群、机场群和高铁、普铁、高速公路网……而广西北部湾在交通网构建上稍显逊色。但是，因其优越的区位优势和明确的政治经济指向，让我们明确知道，北部湾的交通建设接下来的重点，肯定是在海上。

（二）广西北部湾的人才储备与三大湾区相比，仍然有一定差距

我们知道，在所有资源里，人力资源是第一资源。在广西北部湾经济转型的关键时期，人才聚集和人才引进或将成为北部湾开放型、合作型、建设型经济建设的重要因素。

放眼广西，只有广西大学一所双一流高校，综合校友会榜单和软科榜单，在全国高校的排名大概是100名左右，其他的名牌大学更是少之又少。总体来说，竞争力不是很大，汇集的高精尖技术人才有限。因此，如果只靠广西本土人才化发展来带动北部湾的经济开放，是有一定难度的。

同时，广西也缺乏将人才留下的"诱惑力"。根据2020年国民经济和社会发展统计公报（广西）显示，2020年，广西全区生产总值（GDP）为22156.69亿元，按可比价计算，比上年增长3.7%，在全国31个省市自治区GDP排名中排第19名。而我们再看看上海市统计局、国家统计局上海调查总队发布的2020年上海市国民经济和社会发展统计公报，显示2020年全年上海实现生产总值（GDP）38700.58亿元，比上年增长1.7%。GDP的差距如一目了然，广西的经济发展确实还有很长的路要走。人才战略对北部湾湾区经济发展有着非常重要的作用，经济建设离不开人才的建设。虽然两者是互相推动、互相补充的，但是我们不得不面对的现实是高精尖人才往往更倾向于往经济水平发展高的地区流动。如何才能在现实条件中引入人才、汇集人才，成为了广西北部湾必须面对、必须解决的问题。

（三）与我国三大湾区经济相比，广西北部湾的市场化水平不高

市场经济制度也是我国湾区经济对外开放与发展的制约因素之一。市场经济的发

展程度是国际交往的前提，发达的市场经济节约了国际交往的制度成本；完善的市场经济制度保证了公平竞争，提升了企业的国际竞争力，进一步促进了对外开放。我国是具有中国特色的社会主义国家、世界第二强国，但是不得不承认，世界经济的主导地位依然是属于资本主义国家，尤其是美国、日本。北部湾的湾区经济若想发展，就必须拿出更加成熟、更加完善、更加深化、更加具有竞争力的改革方案来。

2017年，国家颁布了《北部湾城市群发展规划》。这是国家层面第一次出台政策指导北部湾地区海洋经济的发展，旨在打造、形成粤桂琼三省经济发展合力。规划指出，广西北部湾海洋经济发展集中在海洋产业发展方面，主要包括推动传统海洋重工产业绿色转型、发展经济效益好的海洋高科技产业、加快现代海洋服务业发展以及促进"军民融合"产业发展等。同时，北部湾地区是"21世纪海上丝绸之路"沿线重要区域，有利于加强中国与东盟国家战略合作和往来，深化两地之间的贸易合作。

4-2 | 广西壮族自治区钦州市的梦圆广场

四、对广西北部湾经济建设的启示

基于以上分析,可以从我国湾区经济开放度中得到一些启示。

(一)加快北部湾经济区优惠政策编制进程,加大政策力度,加快广西北部湾经济区高水平开放高质量发展和经济开放度的提高

在过去的很长一段时间,广西把发展重心一直放在首府和桂中桂北地区,虽然从"十一大"以来,海洋经济领域一直备受国家的重视,但北部湾的发展却是比较滞后的。但在2018年,中新南向通道协议签订以后,国家明确要求完善北部湾港功能定位,提升北部湾港在全国沿海港口布局中的地位,打造西部陆海新通道国际门户港。尤其在《国家立体交通网规划纲要》中,北部湾的战略地位有了明显的提高。不难看出,国家有意打破目前的僵局,破解广西内部壁垒,将北部湾的地位提升至与上海港、深圳港、广州港并肩的国际枢纽海港,为服务国家重大战略铺路。

因此,站在新的时代风口,面对新的世界形势,面对新的发展机遇,北部湾更应该跟进国家的步伐,以供给侧结构性改革为方向,从各个方面促进北部湾经济区的高质量发展。

(二)推动经济改革,合理利用自身湾区优势,优化产业结构,发展具有湾区特点的市场经济模式,吸收和培养人才,通过推动更高层次的湾区经济对外开放,促进市场经济制度的完善和创新

从目前的发展来看,依靠政策支持北部湾经济优先发展确实是绝对的第一选择,但是在2020年的全国各省GDP排名中,广西位居第19位,说明广西的经济实力还是比较落后的。所以,对于广西北部湾的经济建设,除了政策扶持以外,更应该重点优化产业结构,形成因地制宜、有海洋经济特色的湾区经济,以此促进经济区的产业联动互补、协同发展。首先,应该调整海洋产业的供给与需求,系统制定海洋经济发展规划,出台一系列海洋经济可持续发展的政策,大力发展渔业、渔产养殖业、旅游观光业、海洋资源加工业等,并加强在海洋环境保护上的力度。其次,围绕"优布局、强龙头、补链条、聚集群",鼓励北部湾城市产业向经济区重点园区集中,发挥集聚

效应。南宁市重点发展电子信息、先进装备制造、生物制药、新能源汽车等产业；北海市重点发展新一代信息技术、精细化工、新材料、海洋新科技、林浆纸等产业；防城港市重点发展金属新材料、粮油加工、大健康、清洁能源、边民互市贸易进口商品落地加工等产业；钦州市重点发展绿色加工、装备制造、林浆纸、新一代信息技术等产业。同时，经济区将大力发展互联网、数字经济、人力资源、现代物流、金融、科技、商务、会展、商贸、航运、旅游、文化等现代服务业。只有产业结构升级了，湾区经济开放度才会更上一个台阶。

（三）多重保障改善目前北部湾高精尖人才欠缺的现状，将北部湾打造成吸引人才的聚集地

我国三大湾区目前对国内外人才吸引力是非常大的，不仅是因为城市现代化水平高、经济发展快，更是因为具有全球吸引力的人才政策、良好的市场环境和开放包容的文化氛围。

广西北部湾的崛起，应该加强本土人才利用率。通过薪资、福利等弥补地域和经济上的劣势，把人才留下来；通过产业集聚和人才二次吸引，实现人才涌进；通过出台人才倾斜政策或者人才引进政策，做好高精尖人才的利用和储备，让所有人都人有所用，学以致用。

加大科技投入，完善科技政策，打造集创意、投资、开发、生产、推广为一体的完备创新链、产业链和供应链。政府在引进大学、科研机构等教育资源的同时，应大胆推进制度创新，形成产学研高度融合、科研成果快速转化的体制机制，使湾区经济成为科技研发、科技创新和科技产业的聚集地和人才、资金、技术等创新要素资源的集聚地。

（四）带动泛区域合作，助力构建以国内大循环为主体、国内国际双循环相互促进的新发展格局

作为面向东盟的国际大通道，广西北部湾的重要性不言而喻。北部湾应该明确自身的重要战略地位，与陆海新通道沿线各省区市紧密联系，发挥市场优势，与泛北部湾各国共同探索区域经贸合作的新方式和新规则，不断发掘合作新潜能，持续推进泛

北部湾区域的务实合作，谋求共同发展和更快更好地向上发展。

同时，应该提升陆海新通道建设水平，践行"一带一路"，打造强大的中国—东盟供应链，奠定广西北部湾在中国几大湾区中不可替代的重要地位。

综上所述，不难发现湾区经济开放度远远高于普通城市，而交通运输的便利性、人力资本水平、市场化水平等几大因素是影响我国湾区经济开放度的原因。广西北部湾应该以开放促政策改革、以开放促经济改革、以开放促泛区域合作，建设具有海洋特色的湾区经济。

第二节　北部湾经济区开发（政策）

北部湾经济区是我国富饶广袤大地上的一处瑰宝。其地处华南经济圈、西南经济圈和东盟经济圈的交界中心，也是我国实施西部大开发战略地区中唯一的沿海区域，还是我国与东盟国家为数不多的海陆相通的区域，具有无可比拟的区位优势和突出的战略地位，经济发展潜力巨大。当然，北部湾的开发，离不开国家的重视和政策的支持。

一方面，随着科技和互联网的高速发展，经济全球化已然是大势所趋。习近平总书记于 2017 年 1 月 17 日，在瑞士达沃斯举行的世界经济论坛 2017 年年会开幕式上的主旨演讲中强调，面对经济全球化带来的机遇和挑战，正确的选择是，充分利用一切

4-3 | 广西壮族自治区北海市北部湾广场

机遇，合作应对一切挑战，引导好经济全球化走向。在十九大报告中也一再强调，对外开放是我国的基本国策，坚持打开国门搞建设。我国贯彻与邻为善、以邻为伴的周边外交方针，促使我国与东盟等周边国家的睦邻友好和务实合作将得到进一步加强。这些都为北部湾经济区营造了和平、稳定、发展的国际环境。

另一方面，西部大开发战略和推进兴边富民行动，使西部的产业结构、项目布局、地区发展和经济发展等都有了极大的改变和突破，这也为北部湾经济区加快发展注入了新的活力和动力。中国—东盟自由贸易区建设的加快推进、中国—东盟博览会和商务与投资峰会以及大湄公河次区域经济合作等一系列合作机制的建立和实施，深化了中国—东盟的合作，为面向东盟合作前沿的北部湾经济区切实发挥桥头堡作用奠定了坚实的基础。

从这十五年来的北部湾利好政策和针对广西的各类规划文件中可以看出，广西沿海地区在国家战略发展中的重要地位不容小觑。北部湾经济区肩负起新时代对外开放的新使命，面对国家提出的经济发展新要求，全面推进西部大开发的战略实施和面向东盟的开放合作。

加快推进北部湾经济区的开放开发，不仅是广西壮族自治区政府的重点任务，也是国家战略发展的重要一步，具有深远的意义。加快推进北部湾经济区的开放开发，有利于辐射周边，带动区域经济，推动广西经济社会全面发展；有利于国家继续深入实施西部大开发战略，增强西南出海大通道功能，促进西南地区对外开放和经济发展，使北部湾经济区成为具有实力的战略高地；有利于完善我国沿海沿边经济布局，协调东中西部区域发展，增进区域间的联系，迸发出新的动力；有利于加快建设中国—东盟自由贸易区，深化中国与东盟面向繁荣与和平的战略伙伴关系。

一、政策背景

（一）广西北部湾经济区的发展规划

北部湾经济区功能定位是：立足北部湾、服务"三南"（西南、华南和中南）、沟通东中西、面向东南亚，充分发挥连接多区域的重要通道、交流桥梁和合作平台作用；

以开放合作促进开发建设，努力建成中国—东盟开放合作的物流基地、商贸基地、加工制造基地和信息交流中心；成为带动、支撑西部大开发的战略高地和开放度高、辐射力强、经济繁荣、社会和谐、生态良好的重要国际区域经济合作区。[2]

为了更好地实现以上功能定位，北部湾经济区制定了六个重点发展战略，具体如下。

1. 优化国土开发，形成开放合作的空间优势。

使空间布局最优化，加强区域合作紧密联系，对城市间的功能分工进行明确划分和强化。同时，注意保护生态环境，打造整体协调、生态友好的可持续发展空间结构。

2. 完善产业布局，形成开放合作的产业优势。

使国内、国外市场和技术、资本资源最大限度活用，投资环境舒适化。把握市场导向，发挥比较优势，大力发展高起点、高水平的具有中国特色的沿海工业、高技术产业以及现代服务业，承接产业转移，在国内以及国际上形成特色鲜明、竞争力强的产业结构。

3. 提升国际大通道能力，构建开放合作的支撑体系。

加快建设现代化沿海港口群，打造泛北部湾海上通道和港口物流中心，构筑出海出边出省的高等级公路网以及大能力铁路网和大密度航空网，形成高效便捷安全畅通的现代综合交通网络。

4. 深化国际国内合作，拓展开放合作的新空间。

积极参与中国—东盟自由贸易区建设，打造开放合作的新平台，进一步提升中国—东盟博览会的影响力和凝聚力；大力推进泛北部湾经济合作，继续参与大湄公河次区域合作，推动南宁—新加坡通道经济带建设，形成中国—东盟"一轴两翼"区域经济合作新格局；深化国内区域合作，加强与珠江三角洲地区的联系互动，发挥沟通东中西的作用。

---

[2] 来源于广西日报 2008 年 02 月 23 日文章《广西北部湾经济区定位：重要国际区域经济合作区》。

5.加强社会公共服务体系的建设，营造开放合作的和谐环境。

大力发展各项社会事业，包括但是不仅限于知识教育、个人卫生、劳动就业、文化体育、广播电视、社会保障等，加强城市基本公共服务体系建设，营造良好的城市环境，维护社会稳定，进一步促进社会和谐。

6.着力推进改革，创新开放合作的体制和机制。

加快建立"行政区＋经济区"的体制和机制，发挥其在促进经济发展方面的作用。加大企业改革力度，激发企业活力。建立生态补偿机制，深化土地管理，以及投资、融资资金的调配以及劳动就业等多方面的体制改革，加快建立统一开放、竞争有序的现代市场体系。

经过 10～15 年的努力，把北部湾经济区建设成为我国沿海重要经济增长区域，在西部地区率先实现全面建设小康社会目标。

（二）西部大开发战略

加快中西部地区的发展，实施西部大开发战略，是党中央为推动生产力发展而做出的重大战略决策，是中共中央贯彻邓小平关于中国现代化建设"两个大局"战略思想、面向新世纪作出的重大战略决策，是全面推进社会主义现代化建设的一个重大战略部署。

在改革开放和经济建设的推进进程中，以上海、深圳、广州为首的东部地区的发展是国内翘楚，无论是在资金、人才资源还是科学技术发展上，都有相当丰富的经验。

一方面，东部地区可以将自己发展过程中的经验都运用在西部开发中，有效避免了许多弯路；另一方面，西部地区蕴藏的各种资源和尚未迸发的市场潜力不容小觑，是东部地区的继续发展潜在的强大动力。回顾往昔，自改革开放以来，我们国家综合国力显著增强，"全面小康"目标已基本实现，国家有足够的经济实力加大对中西部地区的支持力度，对西部大开发的成功具有足够的信心。

江泽民总书记曾强调，不失时机地实施西部大开发战略，直接关系到扩大内需、促进经济增长，具有重要的现实意义和深远的历史意义。

1.实施西部大开发战略是实现共同富裕、保护社会稳定、民族团结和边疆安全的迫切要求。

2.实施西部大开发战略是扩大国内有效需求、保持经济持续快速增长的必然要求。

3.实施西部大开发战略是实现现代化建设第三步战略目标的客观需要。

4.实施西部大开发战略也是适应世界范围结构调整，提高中国国际竞争力的迫切要求。

总之，实施西部大开发战略，是一项振兴中华的伟大任务，对经济、政治、军事、文化和社会方面具有非常长远的意义。

二、关于广西北部湾的相关重要政策

（一）《广西北部湾经济区发展规划》

2008年2月21日，国家批准实施《广西北部湾经济区发展规划》，标志着北部湾正式纳入国家现阶段发展战略。该规划对广西北部湾经济区的功能定位是"立足北部湾、服务'三南'（西南、华南和中南）、沟通东中西、面向东南亚，充分发挥连接多区域的重要通道、交流桥梁和合作平台作用"。

（二）《关于促进广西北部湾经济区开放开发的若干政策规定》

2008年12月，广西壮族自治区人民政府颁布了《关于促进广西北部湾经济区开放开发的若干政策规定》，提出重点产业发展、功能组团引导产业布局、产业园区建设、区域性物流基地建设、财税支持政策、金融支持政策、对外合作等各方面的政策和规定。

（三）《广西北部湾港总体规划》和《广西北部湾经济区城镇群规划纲要》

2010年3月，广西壮族自治区政府批准实施了《广西北部湾港总体规划》，确立了广西北部湾港"一湾、三城、八区、多港点"的港口布局体系，对各港区水陆区域和港界都做了十分明确的规划布置和划定。

同期，国家住房和城乡建设部正式批复《广西北部湾经济区城镇群规划纲要》，明确了广西北部湾经济区城镇群的发展目标和城镇群总体空间格局，规定了促进城镇协调和一体化发展，推进城乡统筹和新农村建设，构建生态网络格局，实施重大行动计划等战略格局。[3]

4-4 | 广西壮族自治区南宁市的民族广场

第四章 风生水起的北部湾 \ 99

（四）《广西北部湾经济区龙港新区总体规划》

2015年11月19日，广西壮族自治区政府召开北部湾评审会，并评审通过《广西北部湾经济区龙港新区总体规划》。

龙港新区作为北部湾经济区铁山港(龙潭)组团的核心部分，它的规划和建设是推进广西"三大定位"落地的重要举措，是深入实施"双核驱动"战略的具体行动，也是打通玉林出海通道的关键节点。因此，龙港新区的规划质量的重要性不言而喻，是直接影响定位和后续一系列项目落地的关键因素。

园区总体定位为广西南部重要的出海新通道、北部湾临港产业新城、广西—香港合作的先行示范区、环北部湾发展新增长核。

园区产业定位为：以产业带动区域城镇化发展为先导，以差异化特色发展为依托，确立"高效、生态、活力、安全"的发展理念，形成以循环经济产业、海洋经济产业、先进制造业、特色经济产业和现代服务业五大类型产业为主的工业新城。[4]

（五）《北部湾城市群发展规划》

2017年2月17日，广西壮族自治区政府发布《北部湾城市群发展规划》，围绕落实中央赋予广西的"三大定位"新使命和广西营造"三大生态"、实现"两个建成"的要求，增强对广西的引领带动作用和对西南、中南的支撑辐射功能，提升在"一带一路"战略中的地位。

（六）《广西北部湾经济区升级发展行动计划》

2018年1月，广西壮族自治区政府印发实施《广西北部湾经济区升级发展行动计划》，围绕推动北部湾经济区六大升级版建设，从规划建设、开放型经济、发展动能、产业发展、基础设施、同城化等六大方面谋划推动北部湾经济区的升级发展。建设开放北部湾、质效北部湾、畅通北部湾、同城北部湾、智慧北部湾、蓝色北部湾，积极有效应对经济下行压力和挑战，推动北部湾经济区升级发展取得良好的成效。[5]

---

[3] 来源于人民网2010年03月19日文章《国家批准<广西北部湾经济区城镇群规划纲要>》
[4] 百度百科《广西北部湾经济区龙港新区总体规划》词条内容：范围与定位

（七）《关于促进新时代广西北部湾经济区高水平开放高质量发展的若干政策》

2020年12月19日，广西壮族自治区政府印发实施《关于促进新时代广西北部湾经济区高水平开放高质量发展的若干政策》，明确将从产业发展、港口物流、金融、资源要素、人力资源等五方面，促进北部湾经济区高质量发展。未来五年，将推动强首府战略和北钦防一体化融合发展深入实施，促进产业规模不断壮大、产业集群加快聚集、现代化产业体系加速形成、城市群建设进程加快推进。

（八）《区域全面经济伙伴关系协定》（RCEP）

2020年11月15日，《区域全面经济伙伴关系协定》（RCEP）在东亚合作领导人系列会议期间正式签署。世界上人口数量最多、成员结构最多元、发展潜力最大的自贸区就此诞生，意味着全球约三分之一的经济体量形成一体化大市场。

RCEP自贸区的建成，是我国在习近平新时代中国特色社会主义思想指引下实施自由贸易区战略取得的重大进展，将为我国在新时期构建开放型经济新体制，形成以国内大循环为主体、国内国际双循环相互促进新发展格局提供巨大助力。

三、北部湾经济区的政策趋势

从广西北部湾近十五年来较为重要的政策规划中可以看出，广西北部湾经济区在国家西部大开发战略中的重要地位，也是我国迎合经济全球化的重要区域之一。随着经济发展，相关的政策规划也一直在跟着发展环境的更新而更新，越来越细化、具体化，越来越适合当下的生产力发展和社会进步。好的政策应该是科学的、合理的、脚踏实地地为人民群众着想的、能够代表广大人民群众的利益的。

政策的创新一定是站在区域发展提升的角度上做出的决策。成功不是偶然，但努力的脚印却是必然存在。广西北部湾现在能够取得成功，离不开中国特色社会主义制

---

[5] 来源于《广西北部湾经济区升级发展行动计划》

度的建设，但更多的是国家和当地政府在不断的实践和经验总结中，用政策和规划累积起来的成果，更是为了北部湾未来的发展以及其他待开发开放地区的成功提供了宝贵的经验和启示。

（一）政策创新

政策指的是主体（在这里指国家层面、政府层面）在一段规划中，为了达成某个既定的目标而制订的行为规范和方案的总称，作为以此展开的行为和措施的原则和标准。政策创新是一种非常常见的现象，一般发生在政策的落实和变化过程中，反映的是政策的变革与发展，也是时代、社会、经济发展的一个缩影。政策创新的次数没有标准，发生的时间也没有标准，但是总的来说，都是以更好地适应该区域的发展为目标，解决尚未解决的问题，完善政策上的不足。政策创新主要包括三个方面的内容，即政策实施的主体、实施政策的工具和后续政策运行过程中的创新。

广西北部湾经济区的开发已经走过十几个年头，随着广西北海成为沿海开放城市，相应的政策也逐渐成熟。经过多年的实践和不断改进，在国家层面的政策、自治区现已实施的各项政策，以及该区域内不同地方制订的具体相关措施的相互配合下，已然形成一个庞大的政策体系。首先，我们必须要肯定这套政策体系带来的卓越贡献，它的平稳有效运行使该地区的综合实力得到了质的飞跃，但与国内其他三大湾区经济相比，还是有很大的差距。长远地说，广西北部湾经济区的政策体系还需要在不断地实践中完善、更新。通过政策创新来提升本区域的竞争优势，这是广西北部湾经济区最重要的政策目标之一。

因此，广西北部湾经济区层面的政策创新就是从中央到地方各政策主体根据经济发展的环境，在后疫情时代的国际局势中，以创新引领改革道路，突破现在的局面，有效满足政策客体的需求，提升区域竞争优势的过程。

（二）区域竞争优势

区域是以一定地域为范围，并与经济要素及其分布密切结合的区域发展实体。一般来说，由经济区域和行政区域组成。一个区域的发展并不是完全同步的，它们的发展差距主要由资源要素和行政体制所影响，资源丰富和政策倾斜的区域往往会发展得更好，而发展得更好的区域相应地也会得到更多的附加资源和更多的政策倾斜；如果缺少恰当的调控，将会循环往复以至于贫富差距越来越大。因此，若是要了解在一定时期内的区域发展状态，可以以竞争优势作为参考。在市场经济条件下，竞争带给区域的不仅是压力也是动力。在竞争中处于有利地位的一方通常能胜出，并获得较大的竞争收益。这种独特的竞争收益可以用多种指标来体现。例如，人均 GDP 等。

竞争优势具有时空性、变动性和相对性等特点。区域发展不是一成不变的，随着经济发展等因素，区域竞争优势总是处于不停地变化之中。因此，我们需要从多个角度来研究区域的竞争优势。从时间上看，可以分为竞争主体过去、现在、未来的竞争力状况；从空间上看，竞争优势主要是指区域之间竞争力的强弱比较。虽然区域竞争优势的内涵丰富，但是它通常体现在区域的整个综合经济实力上。无论是国际上对该理论的论述，还是国内的各项研究，都将经济指标作为衡量区域竞争力的核心指标。

在第一节中，我们已经在 2020 年度的各省市自治区 GDP 排行中看到，广西地区的排名是较靠后的，由此我们可以知道广西地区并不具备很强的竞争力。同样，广西北部湾经济区对比我国其他三大湾区，竞争力优势也不明显。

无论是广西壮族自治区成立广西北部湾经济区，还是国家批准实施的《广西北部湾经济区发展规划》，其核心目标都是增强该地区的综合实力，突出体现在"经济性"上。因此，当务之急是提高经济实力，才能在竞争力上有所突破。经济实力的提升，核心体现在生产要素条件、需求状况、区域支柱性产业和其他相关衍生产业、企业战略结构与竞争四大因素上。提升竞争优势的核心就是要提高区域的"经济性"，发挥市场机制和完善政府政策在创造和发展这些竞争要素中的作用。

（三）政策趋势

通过观察北部湾的相关政策，我们不难看出，广西北部湾经济区的协调发展战略越来越清晰。从一开始的《广西北部湾经济区发展规划》总体布局，到后面各种相关规划针对不同的重点难点逐个击破。例如，我们观察从 2010—2018 年关于城乡协调一体化的战略规划就有很明显的逐步深入的特点。从规划建设、开放型经济、发展动能、产业发展、基础设施、同城化等六个方面推动北部湾经济区的发展,有利于协调广西内部城乡一体化,促进经济高质量平稳发展。

改革不是一蹴而就的。资源、技术、经验等的缺失,是每个区域经济发展过程中难免的痛点,需要长时间的改革和努力才能缩小与发达地区的差距。因此,北部湾经济区在逐渐发展的过程中,政策的引导作用举足轻重,不仅要高水平开放,也要高质量发展,主要体现在区域协调发展方面。

北部湾的区域协调发展是多层次、多主体的,是要随着时代经济格局的变化而不断调整的。目前,重点应该在区域内协调和区域间协调两个方面。

通过观察广西北部湾经济区规划建设管理办公室网站发布的 2020 年 1-9 月广西各

4-5 | 广西壮族自治区南宁市的民族广场

个经济区域主要经济指标对比，北部湾经济区GDP增长为1.3%（四市），在四个比较级（全区、北部湾经济区、西江经济带、左右江革命老区）中并不出色，说明制定落实的规划与实际发展还是有一定的差距，尤其是北部湾的各项数据暂时还没有给广西的整体经济带来一骑绝尘的引领作用。因此，可以看出，目前北部湾区域内的协调还是有所欠缺，还没有完全形成以广西北部湾经济区为主体的多中心、多区域的协调格局。

在2020年的广西壮族自治区人民政府《关于促进新时代广西北部湾经济区高水平开放高质量发展的若干政策》中，我们可以看到广西政府在区域内协调发展中做出的努力。接下来的发展重点放在产业发展、港口物流、金融、资源要素、人力资源等五方面。还将推动强首府战略和北钦防一体化融合发展的深入实施，进一步扩大产业规模，加快产业集群的形成，加速形成现代化产业体系，推进城市群的建设进程。

2019年2月18日，中共中央国务院印发的《粤港澳大湾区发展规划纲要》中明确指出，北部湾城市群将与粤港澳大湾区与海峡西岸城市群一起联动发展，珠江—西江经济带将作为腹地，借粤港澳大湾区辐射引领的"东风"，加快发展。

2017年1月20日，国务院批复同意建设北部湾城市群。作为国家级城市群，北部湾城市群包括南宁、北海、钦州、防城港、玉林、崇左6市。这6个城市在国家相关发展规划中都有着非常重要的战略地位。以防城港市为例，防城港是中国唯一与东盟海陆河相连的门户城市，地处华南经济圈、西南经济圈与东盟经济圈的交接地带。一方面，是中国内陆腹地进入东盟最便捷的主门户、大通道；另一方面，是中新互联互通"南向通道"的重要节点，区位优势十分明显。在这样的政策利好下，具有无限大的潜力。

当然，北部湾的区域间协调不止于此。2020年11月22日，北部湾经济合作组织第十一次成员大会，暨城市合作组织第三次大会在广东茂名举行。实际上，这种"互动"并不少见，正是因为国家牵头积极带动区域间的合作发展，交通、产业、城市建设等一系列多年难以突破的瓶颈，正被不断打通。例如，北部湾城市群拥有的多个千亿级石油化工产业集群就是一个非常典型的例子。这个项目不仅是近年北部湾发展进程的代表性成果，也是北部湾城市借力国家战略乘风而起的典型。随着 2020 年 11 月 15 日《区域全面经济伙伴关系协定》（RCEP）签署，北部湾城市群也迎来了新的发展高潮。

综上所述，不难看出北部湾经济区的开发不是一蹴而就的，而是在波浪中前行，螺旋式上升。要想比肩国内三个湾区甚至是国际湾区，未来还有很长的路要走。后疫情时代，世界格局的结构性洗牌被加剧，大国战略博弈不断加深，全球经贸格局与秩序重构，恐难避免呈现出一些前所未有的新变化。在这种全球化深度调整与重构、原有全球经济大循环系统变化的时刻，广西北部湾经济区应该把握住政策利好，在博弈中趁势而起，勇争潮头。

第三节 北部湾经济区的建设和泛北部湾区域的合作

中国自 1978 年实行改革开放以来，经济快速增长，经济建设取得重大成就。习近平主席在中国共产党第十九次全国代表大会上的报告中指出：中国特色社会主义进入新时代，中国的社会主要矛盾已经转化为人民日益增长的美好生活需要和不平衡不充分的发展之间的矛盾。

广西壮族自治区位于我国西部欠发达地区，一方面，广西有着悠久的革命历史、深厚的民族文化、绮丽的边疆风光……另一方面，人均 GDP、居民人均可支配收入均低于我国其他地区，尤其是远低于东部地区，是我国经济的薄弱区。因此，广西不仅是促进中国区域协调发展所要重点支持的对象，也是在欠发达地区中需要努力实现协调发展的关键主体。

2008 年 1 月 16 日，国家提出把广西北部湾经济区建设成为重要国际区域经济合作区，这是全国第一个国际区域经济合作区，目标是建成中国经济增长第四极。国家发改委通知强调指出：广西北部湾经济区是我国西部大开发和面向东盟开放合作的重点地区，对于国家实施区域发展总体战略和互利共赢的开放战略具有重要意义。

一、北部湾经济区的建设初期

在重点投入建设广西北部湾经济区之前，这里还是一个"蛮荒之地"，是一个大家都不愿意接手的烫手山芋。

一是缺少"量身定制"的战略布局。在 2008 年国家没有重点开发之前，广西的发展重点和规划一直是内陆地区，首府也历经 4 次变迁。发展重心始终放在南宁—柳州—桂林主轴和西江沿岸一带。沿海地区相对来说是被忽略的，没有相应的战略规划，自

4-6 | 广西壮族自治区南宁市·广西人民会堂

然也没有资源、技术、资金……所以北部湾就像一块未被开发的璞玉，一直在时光中沉默。

二是北部湾区域缺乏公共基础设施。没有战略布局，带来的就是基建的落后。从90年代北海大开发开始，广西基础设施布局都忽略了北部湾。比如，第一条高速、第一条高铁均不是先建南宁到北部湾城市。排除首府南宁，其他5个城市拥有的高速公路屈指可数，高速公路覆盖密度也不如桂中、桂北地区。虽然位于沿海地区，但是没有深海港；铁路公路路网还不完善，这给本来就山多水少的区域增加了许多交通上的困难，旅客和货物的周转运输速度远远达不到同期其他省市地区。可以说当时的北部湾如果要开发，那就是从零开始。而且当时广西经济发展比较落后，与我国东部主要地区相比，广西经济总量小，经济发展的起点低。而北部湾全面开发工程十分浩大，不仅费时费力，而且对当地政府的财政基础也是一个巨大的考验。

三是因为内部城市发展不协调。没有突破行政藩篱，北海、钦州、防城港三个城市多年来一直保持着各自为政的局面，同质化竞争严重，重大基础设施、重大产业布局、重大资源整合没有解决好，使各个城市的优势没有发扬光大，反而是长期处于针尖对麦芒的局面，实际上就是因为没有合理安排和利用资源而导致的内耗。

但是，一个地区的开发和创造不可能只有不利条件，北部湾自身是存在很多优势的。这些优势就是北部湾经济发展的内生动力，就是在新时代逆风翻盘、独占鳌头的底气。

拥有丰富的劳动力资源。以2020年11月1日零时为普查时点，广西全区常住人口为5012.68万人，与2010年第六次全国人口普查的4602.66万人相比，增加了410.02万人，增长了8.91%，年平均增长率为0.86%，分别高于全国平均水平3.53、0.33个百分点。全区0～14岁常住人口为1184.25万人，占23.62%；15～59岁人口为2992.05万人，占59.69%；60岁及以上人口为836.38万人，占16.69%。其中，65岁及以上人口为611.41万人，占12.20%。

较为丰富的人口资源为经济发展提供了初始的劳动力条件。随着经济结构优化和工业化进程加快，传统的农业中过剩的劳动力资源会逐步向工业、服务业转化，实现就业，促进了经济的起步。

区位条件得天独厚，资源丰富。广西自然资源较为丰富，矿产资源种类多、储量大，尤其是铝、锡等有色金属。广西也是全国重点有色金属产区之一，适宜发展有色金属冶炼和加工；河流众多，水力资源丰富，境内河流分属以珠江水系为主的长江水系、桂南独流入海水系、百都河水系等四大水系，有利于发展农业和水电业；气候条件优越，作为北回归线经过的地方，亚热带季风气候非常适宜发展农业。

广西北部湾经济区涵盖南宁、崇左、玉林、北海、钦州、防城港等6市，面积达4.25万平方公里，占广西全区总面积的17.8%。地势平坦，毗邻珠三角，前后分别是西南地区和东南亚，具备了建设成为沿海重要制造业中心的基础和条件。

北部湾沿海地区拥有丰富的港口岸线资源、土地资源、淡水资源、生物资源、农林资源矿产资源、海洋资源，拥有大陆海岸线 1595 公里。其中，规划港口岸线 228 公里，在 2009 年的时候仅开发不到 25 公里；可用于城市建设和工业开发的土地面积占经济区总面积的 9%，截止至 2009 年，只开发了 2.18%，尚有 2906 平方公里可供开发。

蜿蜒的海岸线，给北部湾带来了许多可能。从洗米河口到仑河口，跨越了中国和越南，1500 多公里的海岸发展起了许多港湾，承载着这些沿海城市的经济往来命脉。其中，具备良港条件的有城防港、钦州港、北海港、铁山港、珍珠港等。沿海岛屿有 697 个，岛屿岸线长 600 多公里，总面积 84 平方公里，港口资源十分丰富。

此外，丰富的矿产资源、海洋生物资源、动植物资源、岸线资源、土地资源、能源资源、淡水资源和旅游资源为北部湾经济区的加快发展提供了便利。

海洋经济潜力巨大。北部湾是中国海洋生物物种资源的宝库，这里栖息着鱼类 500 多种，虾类 200 余种，头足类近 50 种，蟹类 190 余种，还有种类众多的贝类、藻类等。其中，有儒艮、中华白海豚、文昌鱼、海马、海蛇等珍稀或重要药用生物。受世人追捧的合浦南珠，也是北部湾的特产。

此外，北部湾海域生长着大片红树林和珊瑚礁，是我国热带海洋生态系科学研究的非常重要的生态资源，具有极大的科研和生态价值。由于北部湾海域辽阔，鱼类、海产资源丰富，这里一直都是中国、尤其是广西渔民的传统捕捞区。北部湾渔场主要分为三个部分，包括湾北渔场，湾中渔场和北部湾南部外海渔场。

北部湾油气资源蕴藏量丰富，在北部湾东南部海域已被发现的有北部湾盆地和莺歌海盆地，两个海底油气盆地初步预测的油气资源量就有 12.59 亿吨。目前，已经开发的油气田有 10-3、6-1、洞 11-4。

广西滨海地区还有着非常丰富的矿产资源，已知的矿产近 30 种。石英砂矿远景储量 10 亿吨以上，陶瓷矿保有储量约为 300 万吨、石膏矿保有储量 3 亿多吨、石灰石矿保有储量 1.5 亿吨。此外，钛铁矿比较丰富，沿岸已知产地 8 处。其中，3 处初步勘查估算的地质储量近 2500 万吨。

广西北部湾利用地理优势，大力发展风能和潮能。根据广西农业厅门户网站发表的相关文章数据显示，白龙尾半岛附近为广西沿海的高风能区，年平均有效风能达

4-7 | 广西壮族自治区南宁市的民族广场雕塑

1253 千瓦·小时/平方米，涠洲岛附近海域年均有效风能 811 千瓦·小时/平方米，海洋能源的总储量高达 92 万千瓦。其中，可开发利用的潮汐能源就有 38.7 万千瓦，是沿海地区河川水力资源 8 万千瓦的 4 倍多。[6]

除了北部湾自身"硬件"合格，为了加快北部湾开发，中央还给了广西壮族自治区六个特权。一是综合配套改革（行政管理体制、市场体系、土地管理制度等）。二是重大项目布局方面。三是保税物流体系方面。四是金融改革方面。五是开放合作方面。六是规划组织实施方面。拥有这些特权后，广西就可以直接与东盟各国的首脑会晤，直接探讨经济等领域的合作，拥有这些特权后，广西就可以直接进行"资本运作"，全力为北部湾的发展提供资金。

总而言之，北部湾的经济建设利大于弊。北部湾经济建设不仅是国家西部大开发战略的关键一环，也是区域协调高质量发展的重中之重，更是新时代新局势下的必经之路。这些年来，在国家和政府的高度重视下，北部湾焕发生机，同时也吸引了海内外众多投资商的青睐。

二、北部湾经济区的建设

（一）交通

1992 年，钦州港正式动工建设，也拉开了北部湾经济建设的序幕。

2012 年，北部湾高铁全线开通，连通了全国高铁网络。只要不到 1 个小时的时间，就可以跨越从南宁到北海的 197 公里。高铁的全线开通，极大地缩小了北部湾经济区的南宁、北海、钦州、防城港 4 市的距离，为 4 市同城化经济圈提供了交通设施支持，使城市之间的流动更加便捷快速。北部湾高铁主要由三条高铁组成，分别是南宁—钦州、钦州—防城港、钦州—北海铁路。南宁至钦州铁路全长 99.1 公里，于 2008 年 12 月 11 日开工；钦州至防城港、钦州至北海铁路的全长分别为 99.5 公里、62.6 公里。

---

[6] 来源于《广西壮族自治区海洋经济发展"十二五"规划要点分析》

至此，高铁走进北部湾人民的生活。

要提速，修高速。2012年12月31日，钦崇高速公路建成通车。同年，防城至东兴高速公路开工建设，标志着广西出海出边高速公路建设迈出实质性步伐。根据统计数据显示，2015年全区实现新开工5条高速公路共548公里，建成通车5条高速公路，新增里程567公里；完工的普通国省道公路项目19个，新增一、二级公路530公里。此外，南宁保税物流中心已投入使用，全区已建成9个汽车客运站。

截至2021年上半年，广西的高速公路四通八达，基本形成了以南宁为中心向外辐射的2小时通达交通圈，不但能快速到达北部湾内的城市和港口，而且3小时左右通达绝大多数区市，10小时内通达邻省省会、邻国首都，"通江达海、出省出边、衔接重要枢纽节点"的高速公路通道骨架基本形成。公路真正成为群众的"致富路"、民族"团结路"、社会"发展路"。

广西的交通投资也由2016年全国排名的第14位、2017年的第13位、2018年的第10位、2019年的第8位，上升到2020年的第6位，2021年的第一、第二季度的第2位。2019年、2020年广西的交通建设年度投资连续两年获得国务院督查激励，成为全国仅有的三个在交通运输领域连续两年获得国务院督查激励的省区之一。

（二）运输

2017年8月，重庆、广西、贵州、甘肃4省区市签署"南向通道"（2018年6月，改名为"陆海新通道"）框架协议，建立联席会议机制。如今，"陆海新通道"的合作范围已扩展至重庆、广西、贵州、甘肃、青海、新疆、云南、宁夏、陕西9个省区市。

2018年，广西对北部湾地区的投资建设开始提速，南宁—崇左—凭祥铁路、崇左—东兴铁路、防城港—东兴铁路、龙门跨海大桥、钦州港、防城港30万吨航道相继动工建设。

随着国际贸易往来越来越密切，广西西部陆海新通道的发展也十分迅速，但同时也出现了货物进出口运输瓶颈。针对铁路班列开行加密和现有的基础设备设施薄弱等问题，钦州港东站集装箱办理站、东站作业区在2019年3月29日正式投入使用，极大程度地缓解了西部陆海新通道发展的窘境。钦州港东站集装箱办理站建设作为打通陆海新通道海铁联运的关键节点,对提高北部湾港基础工具设施承载能力,弥补多式联运的缺口,优化了运输资源配置架构,搭建北部湾港到全国各地的铁路集装箱运输网络,满足了随着经济发展而不断增长的集装箱、快货及特货货运需求等方面有着重要的意义。

2020年9月,北部湾港最大的散货码头——防城港赤沙作业区2号泊位工程开工,项目建设规模为1个20万吨级散货泊位,水工结构按30万吨级设计。成为打造北部湾国际枢纽海港和促进北部湾国际门户港高质量发展的基础。

"十三五"期间,西江黄金水道实现华丽蜕变,畅通升级,仅2010年就耗资30亿左右。开工建设贵港至梧州3000吨级航道工程一期、二期工程等24个项目,建成桂江莲花大桥至桂江河口段Ⅲ级航道等13个项目。[7]

同时,北部湾加密了国际航线,开通了"渝桂新""陇桂新""川桂新""云桂新"、中欧班列等8条常态化海铁联运班列,从2017年的不到180列增加到2020年的4607列,增长近25倍。

通过2021年全区港航工作暨党风廉政建设工作会议得知,"十三五"期间,广西聚焦"四个一流"港口建设,累计完成水运投资252.8亿元。通过持续推进公共基础设施建设,促进海运、陆运水平快速升级,基本建成具有北部湾特色的综合水路交通网。

(三)区域内的协调发展

2017年12月26日,广西壮族自治区人民政府同意设立龙港新区玉港合作园。这是"飞地经济"的一次伟大实践,有利于统筹北海、玉林2市有效利用优势资源不浪费,促进区域协调发展。

为推进海关特殊监管区域整合优化和升级发展,基于实地运营调研基础,在国家

---

[7] 来源于自治区港航发展中心2021年02月03日文章《"十三五"累计完成水运投资252.8亿元 我区基本建成江海联运水路交通网》

海关总署的批准下，北部湾政府联合南宁海关设立了北部湾中心海关，将北海出口加工区整合优化为北海综合保税区。

为持续深入推进北部湾经济区同城化，进一步激发北部湾经济区开发开放的活力，提高经济区整体的核心竞争力，广西北部湾政府委托广西交通一卡通股份有限公司开展了北部湾市民卡的建设、运营和管理工作，召开北部湾市民卡推进工作会，派出工作组赴经济区6市和自治区相关单位商谈合作。2018年11月8日，"北部湾市民卡"正式以实体卡+虚拟卡即银行联名卡+"北部湾市民云"的手机App上线，支持公共交通、健康管理、旅游景区、水电缴费等四个方面的功能，实现了"一卡多用"，为北部湾经济区的居民实现了智慧生活、便利生活、科技生活。

（四）产业转型升级

广西积极对照《中国制造2025》，选择了一批重点产业和领域予以重点突破，实

4-8 | 广西壮族自治区钦州市的梦圆广场

现北部湾经济区乃至整个广西壮族自治区的产业转型升级。

2015年11月2日，经国务院批准，由南宁高新区托管的南宁保税物流中心正式转型升级为南宁综合保税区。作为南宁市大力投资建设的创新创业孵化基地，南宁综合保税区卯足了劲，不但加强了综合保税区创业创新孵化功能，与中关村联合共推双创示范基地建设；而且深化产学研合作，将科技人才资源利用最大化……以良好的服务辅助科技创新，联合科技金融构建新格局，全面推进转型升级。

南宁综合保税区的区域定位体现了其锐意创新的精神。南宁综合保税区着力打造"两个高地"——以电子信息产业为主的现代产业高地和以保税物流业为核心的现代服务业高地。依托当地跨境电商平台签约了一大批加工贸易项目和跨境电商项目，主攻电子信息产业领域，并于2017年年初成功引进了中国邮政东盟跨境电商监管中心项目。该项目总投资4500万元，年进出口总额可达6000万美元以上，填补了广西区内各海关特殊监管区正式验收前项目的空白。

2016年，南宁的重点发展项目又增一项：石墨烯产业。政府注入大量资金支持石墨烯产业发展，从重点项目、项目位置、人力资源及技术研发、推广应用等方面，持续平稳推进南宁的石墨烯产业、技术发展，包括但不仅限于生物医药、建材、节能环保、新材料等产业应用，引领和带动企业转型升级。

南宁高新区生态产业园拥有广西首家石墨烯研发生产企业——广西北部湾石墨烯技术开发公司及广西石墨烯研究所。项目投资高达4.68亿元，建设有多个研究中心、实验室和年产15吨的三维石墨烯粉体生产示范线。

2017年，崇左龙州县以创建国家级龙州边境经济合作区为契机，着力提高口岸经济水平，优化营商环境。坚果加工产业一直都是崇左龙州县的支柱型产业，县政府充分利用国内外丰富的坚果进出口资源，吸引项目入驻园区落地发展，加大相关产业发展扶持力度，实现产业转型升级，努力打造国内外坚果加工和进出口贸易平台的优势。

在产业转型升级方面，玉林市采取两手抓战略。一方面，创新发展支柱产业，坚定推进机械制造、健康食品、新材料、服装皮革、再生资源环保、林产林化、新型建材、陶瓷、医药制造等产业的转型升级，改造提升传统产业，提高工业集聚度，构建现代产业发展体系，实现产业的可持续发展；另一方面，重视培育发展休闲农业、"互联网+农业"等新业态，打造休闲旅游特色。据统计，2017年，该市有各类休闲农业景点、休闲农庄、农家乐等350多个；全市新增农民合作社267个，农民合作社总数3093个，保持全区前列。

北海铁山港区坚持以转型升级为主线，充分利用沿海临港的区位优势，通过强龙头、补链条、聚集群，促进石油化工、临港新材料、玻璃和林纸产业不断突破发展，推动形成四大千亿元产业集群，做强做优临港大工业。2020年8月26日，北海市与四川省能源投资集团有限责任公司签署了总投资为625亿元的川桂绿色化工产业园项目，将进一步推动铁山港（临海）工业区石化产业加快向精细化方向的转型发展。投资1100亿元的东方希望精细化工产业园和投资630亿元的化工新材料项目相继签约；瑞和环保生物柴油项目已开工建设，并打造成广西最大的生物质柴油生产基地。

2020年5月18日，总投资2.8亿元的铁山港（临海）工业区开园，加速了新材料产业集群的发展。在资金上，全力支持北部湾新材料公司扩大索氏体不锈钢生产规模，加快高品质长材料生产线优化结构项目，助力不锈钢产业高质量发展；建设不锈钢交易中心，推动投资190亿元的亚王储能材料深加工基地、投资504亿元的广投临港循环经济产业园、投资105亿元的鼎龙钛白粉项目等龙头项目的建设，促进新材料产业的集聚发展。

2021年4月26日，广西钦州智见（白石湖）数字经济创新中心成立，人民优品也随之落地钦州，以互联网经济带动地区智能化发展，助推数字经济产业转型升级。广西智见成立后，与广西自贸试验区钦州港片区从"人民优品"电商基地建设、本地及东盟优质产品挖掘、新电商人才培训及在线新经济产业培育等方面展开深入合作，共同捕捉新经济带动的地方产业转型升级机遇。除了参与"中国青年年货节"外，广西智见与钦州市委组织部、广西自贸试验区钦州港片区管委会联合开办了两期钦州扶贫干部"社交电商运营实训班"。已帮助158名扶贫干部和"第一书记"掌握直播电商、社交电商运营精髓，助力他们回到基层挖掘打造"本地优品"，抓住"内循环"机遇高质量发展，带领基层干部群众由脱贫攻坚走向乡村振兴。

（五）推进建设中国—东盟信息港

中国—东盟信息港由中国与东盟共同建设，以互联网为依托，以核心基地、产业园、城市（区）为产业载体，以深化网络互联、信息互通、合作互利为基本内容，推动互联网经贸服务、人文交流和技术合作，促进中国和东盟发展互联网经济，共筑"信息丝绸之路"。[8]

2019年，国家批复《中国—东盟信息港建设总体规划》，同年广西政府出台了《中国—东盟信息港建设实施方案（2019-2021年）》等"1+4"系列文件，正式规划了一系列重大项目和重点任务。以中国—东盟信息港"一基地、一中心、一主轴、两组团"为布局依据，推进五大平台建设，继续推进南宁核心基地和钦州副中心建设，并有效利用信息港平台加强对外业务合作。

中国—东盟信息港重点建设包括基础设施、信息共享、技术合作、经贸服务、人文交流五大平台。基础设施平台通过建设国际海缆、陆缆、北斗等构建海陆空全方位的通信设施，为中国与东盟国家信息交流提供了硬件支持，构建服务中国—东盟自由贸易区的国际通信网络体系和信息服务枢纽；信息共享平台通过云计算和大数据实现数据资源互联，建成数据服务枢纽，推动数字化经济；技术合作平台通过智慧城市、科技园区等高科技手段，建设促进线上线下一体化的跨国技术合作平台，推动国际深入合作；经贸服务平台凭借高水平的信息技术，可实现中国与东盟贸易投资自由化、便利化水平提高、支撑中国和东盟国家商贸合作提质增效；人文交流平台则是为了高效利用人力资源，通过网络文化产业配套生态，让中国与东盟在人文、交流领域迸发新的花火。

在各方政府的积极努力下，信息港项目建设如日中天。中国电信东盟国际信息园目前已完成投资4400万元，各项工作推进顺利。中国移动（广西）数据中心于2019

---

[8] 来源于广西日报2019年09月08日文章《建设数字门户 共筑数字丝路——中国－东盟信息港扬帆起航》

年 6 月开工建设，较年度目标提前 3 个月。中国—东盟信息港南宁五象远洋大数据产业园目前累计投资达到 18000 万元，于 2020 年 1 月实现项目一期交付投产。中国—东盟地理信息与卫星应用产业园（地理信息小镇）已完成近 6 亿元投资，吸引一批国内知名地理信息关联企业进驻。中国—东盟信息港小镇一期工程已建设完成，国际通信枢纽和大数据中心投入使用。[9]

目前，已有多家企业、科研院所入驻中国—东盟新型智慧城市协同创新中心，东盟企业也在交流合作中。广投数字经济示范基地吸引了多家国内知名大厂。例如，华为、阿里等互联网企业入驻。

中马钦州产业园区北斗及遥感卫星应用创新创业基地、中马钦州产业园区数据中心、中国—东盟（钦州）华为云计算及大数据中心有条不紊推进；钦州华为数字小镇项目主体工程已完工，可容纳现代信息技术型企业超过 300 家；钦州跨境电子商务综合试验区，已成功培育出多家知名电商企业，更有电商企业源源不断入驻；钦州保税港区"智慧港"项目，将实现包括进出港货船信息、位置及航线图，园区货运车辆进出区情况、来源地分析及可视化动态演示等功能。

（六）人力资源利用

以人才优先发展之功，收人才引领发展之效。近年来，南宁市委、市政府在人才政策上狠下功夫。《关于建设人才特区的决定》《南宁市加快人才特区建设三年行动计划》等政策相继推出，对人才特区建设提出了 11 项特殊支持政策。其中，包括税收奖励、住房优惠、股权激励等。围绕产业转型升级、经济全面高质量发展的需求，从引人才、育人才、建平台、强服务等方面促进本市的人才发展与经济社会发展的深度融合。如实施"企业选聘高管人才""百名工科博士硕士入邕企"活动，给予企业引进人才一定的入企补贴。高管人才补贴 50 万元，博士补贴 25 万元，硕士补贴 10 万元。据统计，

---

[9] 来源于广西壮族自治区大数据发展局网站 2019 年 12 月 03 日文章《中国—东盟信息港项目建设取得显著成效》

4-9 | 广西壮族自治区钦州市梦圆广场 3

仅 2014 年南宁市就成功引入 41 名工科博士、硕士，发放入企补贴 340 多万元；从国内大型知名企业成功引入 5 名高级经营管理人才，发放入企补贴 250 万元。2015 年，南宁市成功引进并申报入企补贴的工科博士、硕士达 100 多人。这两年，共资助 35 个高层次创业创新人才 (团队)，资助资金总额达 6000 万元。

除了将人才"引进来"，南宁政府还注重将人才"留下来"。政府在每年可用财力中拿出 1% 设立高层次人才开发专项资金，2012—2015 年总共实施人才经费 1.9 亿元。为了确保引进的人才能够"留下来"，也推出了很多针对留住人才的奖励政策。例如，为了留住急需紧缺人才，南宁政府对符合标准的急需紧缺人才按其贡献程度给予不同额度的奖励。同时，调整人才安家费补贴范围和补贴标准，对重点产业的企业、重点领域的事业单位引进的人才，按 25 万元、15 万元、10 万元等 3 档标准予以补贴。

据统计，2015年，市本级发放人才安家费245万元。

2019年，广西北部湾经济区发展专项资金（重大人才）项目投资计划为南宁市批款人才资金250万元，分别是良庆区的中国—东盟信息港新人才引进计划项目获批150万元；南宁市科学技术局的2019年南宁市青年科技创新创业人才培育项目获批人才资金100万元，支持南宁重点人才项目的平稳运行。

北海市政府加快实施人才强市战略，推动本市经济加速发展。从产业、医疗、教育、科技创新等方面积极引进人才，留住人才，实现产才融合，推动人才工作始终与产业需求对接，与事业发展同步。"十三五"期间，自治区批复北海市"双百双新"项目48项，总投资4853.8亿元，项目达产后产值约为7036亿元。全市已建立6个高端集聚区和红树林现代金融产业城，入驻京东云、新奥南方总部、新浪天下秀等高端服务业企业371家，营业收入总额238.04亿元，税收总额5.94亿元。

在2020年12月25日召开的《广西壮族自治区人民政府关于促进新时代广西北部湾经济区高水平开放高质量发展的若干政策》（下面简称《若干政策》）解读新闻发

4-10 | 广西壮族自治区南宁市民族广场的巨幅标语

布会的相关报道中获悉，广西政府继续针对人力资源方面还存在的不足之处，提出了新的规划和战略规划，以促进北部湾经济区人才战略的高质量发展。

《若干政策》提出创新人才培养引进和使用机制，实施柔性引进人才政策。也就是，保持原有的户口和关系、以柔性流动方式引进"高精尖缺"人才。符合标准的引进人才可依法申领《广西壮族自治区居住证》，并在人才奖励、科技成果转化、社会保险、公积金缴存、子女义务教育入学、购房购车等方面的待遇与当地户籍人才持平。

留学回国人员持有的中国护照可作为投资主体资格证明。创新职称政策，对经济区内各地引进的高层次急需紧缺人才，在职称申报评审、岗位聘用管理等方面给予倾斜支持。赋予职能部门决策自主权，打破单位、身份和地域界限，放宽学历资历要求，鼓励破格申报评审。[10]

二、泛北部湾经济合作

国家和广西当地政府在提供大量资金支持北部湾经济区建设的同时，也积极推动泛北部湾合作。泛北部湾区域合作包括中国、越南、菲律宾、马来西亚、新加坡、印尼、文莱等国家，是东盟的重要组成部分。在中国—东盟自由贸易区建成的新形势下，加强泛北部湾区域合作与北部湾经济区建设的联动，形成资源共享，优势互补，可以更好地推进广西北部湾经济区高质量发展，实现实质性的突破，获得双赢。

为了推进泛北部湾的合作与开发，广西成立北部湾（广西）经济区规划建设管理委员会，以港口建设为龙头，以发展沿海工业为重点，以基础设施建设为保障，以北部湾城市群为依托，努力将该区域打造成为中国与东盟的区域性物流基地、商贸基地、加工制造基地和信息交流中心。

由于泛北部湾经济合作区包括了大部分东盟国家和中国多个沿海省区，在经济发

---

[10] 来源于央广网2020年12月25日文章《广西出台若干措施 促北部湾经济区高质量发展》

展方面具有很强的互补性；加上优越的区位优势，距离珠三角、台湾地区以及东盟国家新加坡等都比较近，辐射能力较强。所以在"一轴两翼"格局中，泛北部湾经济合作空间广阔，发展潜力不可限量。因此，也吸引了许多海内外的优秀企业和投资商的目光。

中国—东盟自贸区全面建成已十年有余，每年举办的泛北论坛也在为推进共建陆海新通道及北部湾国际门户港建设、泛北部湾区域合作、中国—东盟互联互通等注入新的活力。

以2020年在广西南宁举办的第十一届泛北论坛为例，这一届论坛主题为"聚焦国际门户港，共建陆海新通道：泛北合作的新时代"。

来自中国及东盟各国的代表围绕合作共建北部湾国际门户港、高质量建设陆海新通道等议题深入探讨，并取得了一定的成果。如启动了钦州国际集装箱码头统一运营；中谷钦州集装箱多式联运物流基地开工；北部湾国际门户港港航互联服务平台上线；开通了东盟（柬埔寨）至北部湾港水果快线，发布成立了广西水运港口发展基金；钦州—北海—防城港口型国家物流枢纽共建共治联盟等6个合作项目签约……[11]

未来，泛北部湾的发展将迎来更多发展机遇。

（一）研祥集团暨科技装备业商会东南亚总部集群

研祥高科技控股集团是科技研发等领域的强势实力企业，说起研祥投资北部湾的理由有些浪漫，归根结底两句话：一句是陈武主席与部分全国工商联委员代表座谈时谈到的"能帮就帮，敢做善成"。另一句是彭清华书记2013年5月在深圳推介时所说的"现在投资广西北部湾，就相当于当年投资珠三角，广西可以成为大家新的发展福地"。

在经过集团高管3个月的实地考察后，一致认为北部湾的投资前景和市场潜力都不容小觑。因此，决定与南宁市签订"研祥集团暨科技装备业商会东南亚总部集群"项目合同。

---

[11] 来源于人民日报2020年10月19日文章《持续推进泛北部湾区域务实合作》

（二）自治区政府与中远海运集团正式签署战略合作协议

中远海运集团于 2016 年 2 月 18 日在上海正式成立，是由中国远洋运输（集团）总公司与中国海运（集团）总公司重组而成，是国务院国有资产监督管理委员会直接管理涉及国计民生和国民经济命脉的特大型中央企业，注册资金为 110 亿元，拥有总资产 8800 亿元人民币。

2018 年 7 月份以来，北部湾积极对接中远海运集团，商洽北部湾港口的建设运营事宜。同年 11 月初，自治区政府与中远海运集团正式签署战略合作协议，并参与建设运营。

（三）战略合作框架协议

战略合作是一种有目的、有计划、具有全球视野的合作思想与行为。一方面，双方进行战略合作可提高彼此的知名度，有利于形成强大的企业形象，带来良好的社会

4-11 中国—东盟博览会纪念雕塑作品

舆论，更加有效地吸引消费以及促进经济合作。另一方面，战略合作将双方资源最大化利用，避免无谓浪费，维持稳定的竞争格局和态势，并且把着眼于短期的对抗性竞争转化为长期的合作式竞争。而框架协议相当于缔约协议，表示双方有意向合作的文件，战略合作框架协议一般会明确具体事项、完成时间、双方准备工作分工及责任等，属于具有缔约责任的协议，是合作时非常重要的文件之一。

在2018年5月24日举办的第十届泛北论坛的会议上，借自治区北部湾办这座"桥梁"，钦州市人民政府、中铁联合国际集装箱有限公司、广西北部湾国际港务集团有限公司和广西沿海铁路股份有限公司四方签署了战略合作框架协议，确立了四方合作建设钦州港东站集装箱办理站的目标、内容和机制。自治区北部湾办多次召集合作四方召开专题推进会议，先后组织人员赴宁波、大连、连云港和重庆、成都调研考察，不断优化建设方案，加强各方沟通协调，加快推进项目建设。

（四）中新南宁国际物流园项目

太平船务有限公司创立于新加坡，是一家以集装箱航运物流为核心的私营跨国企业，所经营的业务范围包括海运、集装箱制造及相关物流服务等。

中新南宁国际物流园项目规划有物流组团、加工组团、信息金融组团、配套生活组团和分拨中心、冷链中心、智慧供应链平台等"四组团两中心一平台"，并通过提供供应链金融服务，带动相关产业链的规模发展，逐步形成以仓储物流为基础，服务于制造、采购分销、零售的多种类型产业供应链，实现"物流、商流、人流、信息流和资金流"五流合一，将建成集物流集散、配套加工、信息服务、商贸展示等功能为一体的综合型物流产业园区。[12]

该项目分三期开发建设，总投资约100亿元人民币。到目前为止，已引进万纬物流、复星国药、太古冷链、百世集团、百胜集团等一批知名企业。

该项目的建成标志着形成中国西部地区和东盟之间良好的供应链合作关系，有利

---

[12] 来源于南宁日报2019年03月10日文章《中新南宁国际物流园：全力推进项目建成运营(图)》

于进一步加强中国—东盟合作贸易往来，推动贸易升级。

（五）临海工业集群

临海工业集群的建设是北部湾重大产业发展专项资金的重要投入项目之一。主要支持重点园区基础设施完善、北部湾"五港"（航空港、海运港、公路港、陆路港、信息港）综合发展以及临港产业发展，建设临海工业集群，谋求经济增长。

目前，临海工业集群主要以钦州中石油、北海中石化、防城港金川、北海诚德、龙潭中金等一批知名企业强强联合。

（六）广西华谊能源化工有限公司（项目）

近年来，钦州凭借沿海通道优势和产业链优势，使得北部湾临港工业加速崛起，吸引越来越多企业投资建设项目基地。2019年，广西最大的单体投资产业项目便是广西华谊能源化工有限公司的项目，总投资700亿元，预计建成后年产值达650亿元。

（七）铁山港临港新材料产业园（启动区）

总投资2.8亿元的铁山港临港新材料产业园（启动区），于2020年5月18日开园，加速了北部湾经济区新材料产业集群发展，这是铁山港新材料产业发展又一里程碑的进程。同时，也吸引了一批新材料下游深精加工企业的注意，纷纷签约入驻投产。随着"队伍"的逐渐壮大，铁山港区新材料产业在园区化、集群化发展的道路上正加速迈进。铁山港临港新材料产业园正成长为铁山港的"千亿园区"新星，并挑起北海临海工业的"大梁"。

铁山港区制订产业树招商方案，围绕"四大千亿""四大百亿"产业实施产业链精准招商，不断加强建链、强链、补链、延链工作。2020年，签约项目24个，合同投资额约4182亿元，完成年度目标任务1000亿元的4.1倍。其中，列入自治区"双百双新"项目19个。

例如，2020年8月26日，北海市与四川省能源投资集团有限责任公司签约了总投资为625亿元的川桂绿色化工产业园项目。投资1100亿元的东方希望精细化工产业园和投资630亿元的化工新材料项目相继签约；瑞和环保生物柴油项目已在同年开工建设。项目投资转型升级，有利于工业区石化产业精细化、一体化发展。

（八）千亿高端电子信息产业

2018年，瑞声科技就已经和南宁签约，到2020年已落成6个项目。在2020年9月24日举行的"共享合作新机遇，共建发展新格局——2020年'湾企入桂'推介会暨签约仪式"现场，瑞声科技控股有限公司继续与南宁签订条约。在前期落地投产（开工）的6个制造业项目和东盟研发中心基础上，计划总投资300亿元建设千亿高端电子信息产业项目，将其建设成为广西高端电子信息产业的示范基地。

（九）招商引资会

以上谈到的很多企业，都是由政府举办的招商引资会牵头进而达成合作的。

举个例子，从2018年开始，南宁市以一年一个主题积极开展重点产业大招商、产业大招商攻坚突破年、"三企入桂"等重大招商引资主题活动，引领全市的招商引资工作。

2018—2020年，南宁全市产业大招商共新签5000万元以上项目799个，总投资额3802亿元。瑞声科技、一力制药、金蓉颗粒、歌尔股份、万有、中银香港、太平保险、中新南宁国际物流园、华为、腾讯等一大批知名企业项目相继落户。据统计，2019年底，全市实际到位资金969.62亿。

同时，南宁市积极引入外资，引领企业国际化、全球化发展。通过"盘活存量、复活变量、激活增量、整合力量"将外资整合利用最大化，针对外资企业的具体需求进行精准走访服务，用实际行动促进了瑞声科技、绿地国际、中通吉、根德成片土地开发、新锰矿业、广西领傲等一批外资企业快进资、多进资。这些企业的到资额近3亿美元。

绿地集团于2013年11月入驻广西南宁。自入驻至今，绿地香港的写字楼如雨后春笋般出现，为南宁片区成功引入了中国平安、中国人寿、桂林银行、北部湾产权交易所集团、中铁交通投资集团等一批名企总部企业。

2020年，南宁市出台了《南宁市兑现落实利用外资有关政策措施实施细则》，为外商投资注入新动能。对符合标准的总计13家外资企业预计给予共计582.15万元的奖励，这对外资企业来说无疑是一个振奋人心的好消息。瑞声科技、李宁体育、中银香港、中新南宁国际物流园等一批高质量外资项目也纷纷落地南宁市。

2020年，南宁市深化外资企业研究，对388家在邕外资企业进行复工复产摸底调查，对华润、百威啤酒、巨星医疗、协丰供应链、肯德基、新加坡丰树等94个重点外资企业和项目进行集中座谈和实际采访，为外资企业进一步增资扩股注入一剂强心针。

2016—2020年，南宁市实际利用外资127716万美元；新设外商投资企业456家，投资总额2302235.9万美元，合同外资额903654.08万美元。其中，港资新设企业176家，占38.6%。[13]

总而言之，南宁市的成绩不仅代表其卓越的实力和无限的潜力；同时也代表了全北部湾经济区6个城市招好商、引强资的决心，更说明了北部湾经济区强大的市场潜力，而丰富的各种资源和利好的政策支持是所有实力企业有目共睹的。一份份成果丰硕的成绩单，见证了北部湾招商引资的累累硕果；一个个大项目的签约落地，为所有投资企业亮出了北部湾特色的成绩单，为经济发展增强了信心，为实现区域和企业双赢提供了保障。

---

[13]来源于南宁日报2021年08月26日文章《对外开放风生水起 "南宁渠道"联通世界》

第五章
国内外发展湾区经济经验的思考与启示

当今,湾区经济是一种重要的滨海经济形态,作为一个国家对外互通有无的海上渠道口,湾区承载了更多的重任。

纵观全世界各大中小国家城市发展的进程,沿海地区的发展总是快内陆地区一步。海岸线的走势造就了每个国家不同的沿海经济形态,曲折的海岸线往往会带来更多的溺谷和海湾,经济发展最好的区域一般也都集中在湾区附近。

湾区具有得天独厚的区位优势,其较强的产业带动能力、财富集聚功能以及资源配置手段,已成为引领全球技术变革、带动世界经济发展的重要增长极和核心动力源。

虽然受每个国家的体制和国情影响,每个湾区的经济形势会有所不同,相应的经济支柱产业也有所差别,但由于规律是具有客观性和普遍性的,因此高度发达的湾区经济之间的内涵总是相似的、经验总是共通的。如果我们能够利用好这些共性,对于我国加快发展世界一流湾区经济,更好地服务"一带一路"战略这一"个性",将会带来很大的帮助。

一、世界三大湾区

国内的四大湾区已经在前面的章节中做过详细的介绍,现在重点介绍一下世界三大湾区的情况。其实,国际上已经将我国的粤港澳大湾区连同原世界三湾区大合称为世界四大湾区了,且粤港澳大湾区势头强劲,大有赶超之势。为了方便理解,现将几大湾区按国内和国外分开讨论。

世界三大湾区分别是纽约湾区、旧金山湾区、日本东京湾区。

美国纽约湾区：又称为纽约大都市区。由纽约州、康涅狄格州、新泽西州的31个县联合组成，面积达33484平方公里。纽约湾区城市群以纽约为中心，北起波士顿，南至华盛顿，以波士顿、纽约、费城、巴尔的摩、华盛顿等一系列大城市为中心地带。

美国旧金山湾区：提起美国加利福尼亚州，很多人第一反应都是最美17英里黄金海岸。殊不知，海岸线除了给加利福尼亚州带来的不仅有美景，还有经济。

旧金山湾区是加利福尼亚州北部的一个大都会区，分

5-1 | 中国—东盟博览会纪念雕塑作品

为北湾、东湾、南湾、旧金山和半岛，人口众多，拥有美国国家公园等许多自然景观。不仅是世界著名旅游胜地，也是世界上最重要的高新技术研发中心之一和美国西海岸最重要的金融中心，世界著名的高科技研发基地硅谷就位于湾区南部；教育资源丰富，集聚了多所世界高级院校，孕育了许多世界顶尖的人才。

日本东京湾区：东京湾区位于日本关东地区，因其与东京接壤，所以命名为东京湾区。它的崛起比较特别，这是世界上第一个主要依靠人工规划而缔造的湾区，同时

也是日本重要的人口聚集地区、重要的经济支柱地区，承载着日本 3/4 的工业产值。

因此，这里也是日本最大的工业城市群和国际金融中心、交通中心、商贸中心和消费中心。东京湾港口众多，拥有横滨港、东京港、千叶港、川崎港、木更津港、横须贺港六个港口，也孕育了三菱、丰田、索尼等一大批世界五百强企业，因此也被称为产业湾区。

纽约湾区、旧金山湾区、东京湾区以开放性、创新性、宜居性和国际化为其最重要特征，具有开放的经济结构、高效的资源配置能力、强大的集聚外溢功能和发达的国际交往网络，发挥着引领创新、聚集辐射的核心功能，成为带动全球经济发展的重要增长和引领技术变革的领头羊。

二、国内外发展湾区经济的经验

纽约湾区、旧金山湾区、东京湾区是当今全球发展最成熟、最具影响力的三大湾区。国内四大湾区在经济发展、科技水平、产业发展上都各有亮点，在地理位置上形成南北中西相互呼应的局势。纵观国内外几大湾区经济发展，主要有以下几点经验值得我们学习。

（一）地理位置优越

湾区拥有优越的地理环境和发达的港口城市，这为高速发展的经济提供了基础。

一方面，海岸线曲折蜿蜒，多溺谷，多港湾；一面临海，三面环陆，可以有效避风，适合建设港口。港口城市的发展对空间的要求并不是很大，因而可以在有限的空间内发展多个港口城市，这也是湾区港口群的雏形。

港口群是规划港口经营的一个重要的因素。它不完全代表湾区，但却是湾区经济的组成部分之一。

这些港口城市由于地理位置的缘近，区位优势差异比较微弱，且面对的国内外市场因素都大相径庭。它们拥有共同的运输网络和经济腹地范围，但在经济发展上还是以自身发展独立为主。如东京湾沿岸由横滨港、东京港、千叶港、川崎港、木更津港、横须贺港六个港口首尾相连，形成的马蹄形港口群，便是典型的港口群。

另一方面，港口城市通常对外开放，有更便利的贸易往来方式。因此，比起内陆地区来说，在接纳外商方面具有优势，可以更快地吸纳外资、学习国外的先进技术和管理经验。作为沿海地区最边沿的城市，也是连接国内外市场的枢纽。作为国家推进对外开放和融入全球化的窗口和名片，湾区肩负着历史和发展的重任。

（二）合理的产业结构

从产业结构上看，几大湾区都有其比较强势的产业支撑。有别于以传统农业和传统重工业、轻工业为主的内陆城市群和欠发达地区，湾区经济的产业支柱都是以第三产业以及配套产业为主，以高科技高发展为特点。比如，旧金山湾区的旧金山—硅谷城市群，可以说是当今世界经济形态的龙头。在80年的时间里，旧金山湾区的产业发展以硅谷为中心，而硅谷则以斯坦福大学为中心，现在已经形成人才、科技、创业资本三个要素集聚的经济体。

与之相配套的财富管理也很重要，重点体现在发达的金融保险业，既可以反哺当地的高科技产业，又能让整个经济体成为可以自我生长的生态体系。

金融保险业发达。从保险产业的角度来说，纽约湾区的金融服务业发达，每年的GDP持续稳定占比是全湾区的约五分之一，是湾区经济强大的支柱性产业。这里汇聚了世界市值前三位的两大证券交易所——纽约证券交易所和纳斯达克证券交易所。东京湾区是世界上最大的证券交易中心，拥有日本最大的东京证券交易所，占日本全国证券交易量的80%。旧金山湾区的科技与金融高度融合，科技银行业务尤为发达。

从规模的角度来讲，粤港澳大湾区已成为全国乃至全球最大的保险市场之一。毕马威中国团队在一份调查报告中指出，预期将有更多大型海外金融保险集团考虑在粤港澳大湾区开设机构，更多国内的金融保险集团到香港特别行政区开设机构；保险公司需要创新产品去面对粤港澳大湾区居民更特定更特殊的保险需求。

（三）持续区域的科技创新

一个地区经济的可持续发展离不开创新和创造，作为以高科技产业为主要经济支柱型产业的湾区来说，科技创新和不断进步更是为经济发展提供了源源不断的动力。而同样是以高科技产业为主的湾区之间，经济发展水平却有高低之分，说明科技水平的进步程度和科技创新的效率也是重要的影响因素。我们常说的区域科技创新主要包括区域科技创新环境、区域科技创新概念、区域科技创新结构及能力等三方面。

在区域科技创新方面，东京湾区就是一个很好的例子。京滨工业区作为东京湾区一个以制造业为主的工业区，是日本最大的工业群。这里集聚了NEC、佳能、三菱电机、三菱重工、三菱化学、丰田研究所、索尼、东芝、富士通等具有技术研发功能的大企业和研究所，以及庆应大学、武藏工业大学、横滨国立大学等大批日本著名高等学府。

这样的结构非常有利于科技创新，各高等学府可以和企业积极展开相对应的合作，高等学府提供人才，企业提供平台和机会，形成产学研相结合的特色，促进科研成果快速有效地得到实践和应用；政府赋予学校在科研方面更大的权力，企业也在支持科研创新方面增加资金投入，保障了项目平稳持续进行。在高等学府和企业双重的支持下，东京湾区的京滨工业区成功成为了所有湾区学习借鉴的范本。

（四）完善的配套设施

比较国内内陆城市或者二三线城市和湾区城市群的城市风貌不难看出，无论是交通基建还是宜居程度，都是湾区城市群更胜一筹。因此，也可以看出，公共交通基础建设和城市规划确实是影响城市经济发展的基本条件之一。

放眼国外，美国旧金山湾区的交通便捷高效，交通路网四通八达；东京湾区区域内就有高达十几条地铁线，以及各种铁路和轨道交通枢纽；而国内几大湾区的交通基建也在如火如荼地建设中。港珠澳大桥的投入使用，将粤港澳大湾区连成一个闭环；杭州湾区作为长三角一体化建设中的重要一环，成熟的轨道交通网和跨海大桥使其具有强大的辐射力；广西北部湾的交通设施建设虽然逊色一点，但是国家已经提供了许多支持，大力发展海上交通运输。相信，北部湾区一定会成为我国西部对外开放的一张亮眼的名片。

（五）区域协调发展

在第四章中，我们在讨论广西北部湾的政策支持中已经总结过，政府一直在促进北部湾城市群之间以及北部湾与其他地区的协调发展，并形成优势互补、资源共享的良好发展局面。因此,可以知道,形成协同发展的整体合力是区域经济发展的重要举措。

东京湾区著名的"广域港湾",就是将区域内7个知名港口的资源有效整合,形成完善的产业链。对内贸易、原料输入、材料加工,对外贸易……每个港口各司其职,分工明确。每个港口在"广域港湾"这一个整体中都得到了经济发展升级。

港口城市与湾区腹地可以实现产业互补。在打造湾区港口城市与湾区腹地联动的时,产业布局显得尤为重要。比如,杭州湾在发展高端制造业的时候,积极引入了上海大众和吉利汽车的入驻。像这样自带资源和背景的企业入驻,势必会对湾区的经济发展造成一定的集聚效应,会吸引更多有实力的企业加入,也会孕育出许多高端技术制造服务的配套产业。而杭州湾区腹地的临海产业可以发挥沿海优势,为制造业企业做好港口运输服务,增强港口腹地辐射力,不断扩大经济贸易范围。

（六）对外开放

湾区的性质注定了它一定要对外开放,接纳吸收更多国外的优质人才、优质资源、科学技术等。所以,多元包容的文化氛围是快速发展湾区的一个基本特征。

我们都知道南美洲是世界人种大熔炉,殊不知美国也有一个"大熔炉",那就是纽约湾区。有一百五十多个国家和地区的外籍居民生活在这里,来自世界各地的各种各样的民族文化和文明在这个温暖多雨的湾区不断碰撞,不断融合,形成北美大陆上一个丰富多彩的地区特色。在旧金山的有些地区,亚洲人密度高居全美第一。

国内城市发展湾区经济的实践经验。改革开放以来,环杭州湾湾区、环渤海湾区已逐渐发展成为引领中国经济的强劲引擎。对外开放作为我国的基本国策,需要继续完善开放布局,以创新精神,深化开放程度,提高开放水平。

（七）政策支持

国家层面的政策支持是推进湾区经济发展的强大动力。

天津作为环渤海湾区的重要城市之一,致力于协同发展,依托京津冀一体化实现"一区三基地"的格局。早在2015年,天津市就以贯彻落实京津冀协同发展为主要目的,推出了相关政策,与"十三五"规划对接。首先,有利于明确天津在环渤海湾区京津冀一体化发展中的功能定位。其次,也有利于构建多层次城市内部空间布局,因地制

5-2 | 中国—东盟博览会会址

宜地量身打造发展战略,推动建设世界级城市群。最后,由政府带头建立投资基金会,面向京津冀地区有潜力、有实力的高新产业进行投资,推动高新产业发展,为科技研发创造保驾护航,有利于发挥创造创新优势,打造创业创新领头羊地位,促进城市群经济的高质量发展。

深圳着眼于战略引领,大力发展湾区经济,建设 21 世纪海上丝绸之路的桥头堡。为了提高在海上丝绸之路中的影响力,成为全球数一数二的湾区城市,深圳在 2015 年 8 月发布了相关政策,重点布局构建湾区经济形态。从科技创新、产业转型升级、交通运输、基础建设和生态环境等多个方面升级。

总的来说，深圳的这种发展布局，能更好地助力于发展海湾地区合作新优势，打造海上丝绸之路经贸合作核心；建设南海助力发展中国家战略基地，推动粤港澳大湾区的建设发展；在世界湾区经济格局拥有话语权和选择权。

目前，深圳作为粤港澳大湾区的重要城市，正在着力于构建新的高科技商业模式，显著扩大经济基础和金融服务、先进技术研发和其他一系列有价值的服务，包括构筑海湾地区新型多港网络、巩固国际港口中心地位、加快区域性国际机场建设等。因为，只有联通全球，才能成为世界级一流湾区城市品质典范。

综上所述，不难看出，如果一个区域想要形成成熟的湾区经济，这几个因素缺一不可。一是优越的地理位置，这是湾区经济形成的基础条件；二是产业的集聚扩散，这是湾区经济成熟的根本条件；三是源源不断的创新创造，这是湾区经济持续发展的强大引擎；四是高效的交通体系，这是湾区经济对外互通的重要支撑；五是完善的协调机制，这是湾区经济形成过程中的可靠保障；六是持续的对外开放，这是湾区经济形成的重要力量；七是强大的政策支持，这是湾区经济形成的决定因素。

三、国内外发展湾区经济的启示

国内几大湾区的经济发展取得了一定成绩，但仍有需要进步的空间，如习近平总书记所说，坚持问题导向是升华实践经验下更大气力推动改革发展的关键。

国内外几大湾区的成功都是有章可循的。对一些带有共性、规律性的成功经验，要注意总结和反思，以利于更好地前进。无论是继续发展我国四大湾区，还是扶持未来更多的湾区经济崛起，都是我们行稳致远的成功秘诀。

（一）加快港口建设步伐，以港口带动城市发展

在湾区经济发展的过程中，要加快核心港口的建设。由于湾区地理位置的特殊性，发展港口建设、推进港口产业转型升级、提高对外开放水平和海上交通等都是湾区经济发展的必由之路。根据产业发展的需要，配套相应重量级的大型海上运输项目，可以加快促进相应港区的海运联动优势的发挥，培育壮大海上物联行业，构建庞大的航线网。

广西北部湾 2020 年集装箱吞吐量的增速，稳居中国沿海主要港口的第 1 位，集装箱吞吐量跻身中国沿海港口前 10 名、世界前 40 名行列，已经基本实现"港口基础设施日益完善、港口吞吐量大幅增长、航运物流网络不断拓展"，说明广西北部湾在加强港口建设方面的战略和规划是正确的、有效的。作为一个辐射全球的现代化港口，能够成为中外贸易进出的快速通道，拉近中国与世界的距离，服务于经济全球化发展，这是一个湾区重要的经济发展命脉。

（二）优化拓展产业空间，培育新兴产业集群

要积极整合产业空间布局，优化湾区产业集群建设。鉴于每个湾区的经济发展水平、产业结构和科技水平等都各有不同，所以需要根据具体情况，进行顶层设计。

以重工业和资源为主的区域，可以重点发展冶炼、修造、机械制造等产业，可优先建设主要面向工业投资项目、现代渔业经济和运输以及以制造加工为主的工业园区等。

集中布局现代沿海服务业和高新技术产业，主要包括通信和信息、生产和市场、个人消费服务和公共服务等。十九大报告原文中就明确提出：支持传统产业优化升级，加快发展现代服务业，瞄准国际标准提高水平。

海洋资源较为丰富的湾区可以大力发展海洋经济。习近平总书记指出："我国是一个海洋大国，海域面积十分辽阔。一定要向海洋进军，加快建设海洋强国。"而海洋经济更是国际一流湾区的标配，在湾区经济建设的过程中其重要性不言而喻。湾区应该立足于海洋思维，充分挖掘海洋经济、海洋科技的发展潜力，规划发展海洋新材料、海水综合利用、海洋装备制造等海洋新兴产业。

积极打造区域联动经济带，整合产业空间布局，有利于资源利用高效化，提升产业集群实力，促进湾区经济发展。

（三）提高区域协调发展质量，拓展湾区经济腹地

区域协调发展战略极大地推动了湾区经济分工协作的顺利进行。单打独斗的模式不适合湾区经济，要想发展，必须协作，必须综合发挥相邻湾区城市的优势。只有达到城市之间资源、优势的合作双赢，才能最大化发挥湾区经济效应。著名的旧金山湾区、

5-3 | 中国—东盟博览会会址

纽约湾区和东京湾区的成功就是这种模式。

同理,我国湾区发展也应该将推动区域联动发展作为重点,不仅要加快促进多个国家、多个城市之间的分工协作,将各地优势最大化,也要创新完善合作体制机制,加强政策和规划协调对接,促进区域经济社会协同发展,达到合作双方共赢的局面。同时,政府要出台相关政策推进湾区腹地向外辐射延伸,加强城市之间联系对接,强化湾区经济发展的腹地支撑。

要提高湾区区域协调发展质量,就要全面深化湾区在产业、科技、教育、文化等领域的合作,增强湾区核心城市的集聚辐射功能。例如,深圳、上海、北京等作为湾区的核心城市,不仅是我国的一线城市,也是经济中心、文化中心,各方面的发展都处于国家顶尖水平。通过我国新时代中国特色社会主义发展战略,强化湾区核心城市的战略枢纽城市功能;通过创新合作沟通途径,加强与其他地区核心城市及其他海内外湾区城市的合作。

（四）加快基础设施建设,构建密集湾区的交通路网

作为面向全球市场的湾区,需要打造配套的国际综合交通枢纽。以世界级枢纽港口、千万级机场为依托,以航线网络、通道网络、多式联运为纽带,建成以公、铁、水、空和管道多种运输方式高效衔接为特征的湾区综合交通网络体系,全面打造连接全球的国际综合交通枢纽。

以北部湾为例,广西从2008年就开始建设铁路、公路、水运、航空等全方位立体的交通网络。建成以南宁国际综合交通枢纽为中心,以海港、空港为龙头,以泛北部湾海上、南宁—新加坡陆路和南宁通往东盟国家航空三大通道为主轴,以广西通往周边省市例如广东、湖南、贵州和云南方向运输通道为主线的"一枢纽、两大港、三通道、四辐射"的出海出边国际大通道体系。

（五）吸引外资投资,开创湾区开放发展新格局

积极对外开放,加强国际联系,吸引海外投资。以广西北部湾为例,借力每年泛北论坛的举办以及欣欣向荣的中国—东盟自由贸易区,不断加强经济贸易合作沟通和人文精神的交流,吸引外资投资,学习国外先进知识技术,使北部湾成为中国—东盟

交流互助的平台,这也是我国西部大开发战略的一个亮点。

此外,还可以发挥侨台优势。比如,粤港澳大湾区区域有很多城市多年来一直都有和海外华侨的合作、项目投资等。广西北部湾也是如此,钦州市北部湾华侨投资区一直努力促进侨胞投资,发展北部湾+华侨合资项目。北部湾政府带头建立"侨胞之家"广播电台,坚持"以侨为本,为侨服务"的宗旨,凝聚侨界力量,探索为侨服务新形式,努力为广大归侨侨眷联谊、学习、交流、开展活动,搭建平台。

海峡情和华侨情是价值非常高的牌,湾区可以通过一些具有国际影响力的论坛、展会和文化活动,促进合作交流,达成双赢,促进湾区经济发展。

(六)打造生态环境名片,建设宜居宜业湾区环境

要建设国际化生态宜居城市、建设生态文明环境友好型城市,必须建立系统完整的生态文明制度体系,践行全域城市化理念,统筹推动湾区区域特色化发展,促进城乡空间你中有我、我中有你,形成开放高效、多中心、网络化城市规划布局。

以高质量发展为具体目标,推动以"智慧""宜居""绿色"为特征的湾区城市品质建设,营造宜居环境,不断提升城市的发展质量和国际化水平。

对于一些海洋资源、滨海资源丰富的湾区,要充分发挥生态环境优势,加快旅游观光业、生态产业发展,进一步拓展滨海空间资源,实现生产、生活、生态高度融合,塑造具有湾区特色的滨海城市特色,打造人与自然和谐相处、生态文旅良好发展的湾区风貌。同时,也要注意保护环境,坚持人与自然和谐共生的绿色发展理念,将绿色发展理念融入海洋政治、经济、文化、社会建设各方面和全过程,努力实现美丽海洋战略目标,让人类生存和海洋生态形成平衡。

自十一届三中全会开始改革开放、十四大确定社会主义市场经济体制改革目标以及十四届三中全会作出相关决定以来,我国经济体制改革在理论和实践上都取得重大进展。北部湾湾区经济发展作为国家全面推进西部大开发和面向东盟开放合作的关键所在,站在新时代的起点,面对国际的新形势,势必要开辟一个湾区经济发展的新境界,助力我国社会主义市场经济发展更上一个台阶。

虚心竹有低头叶,傲骨梅无仰面花。北部湾经济发展离不开总结成功的经验,

即博观约取,厚积薄发;而国家和政府层面的宏观调控,才是北部湾在经济发展中的指路灯。习近平总书记2017年视察广西时,曾有两句经典概括:"一湾相挽十一国,良性互动东中西"。一句对外、一句对内,分别与国际循环、国内循环相呼应,指出了发展方向和发展道路,也肯定了在构建新发展格局中的独特优势和发展机遇。

为山者基于一篑之土,已成千丈之峭;凿井者起于三寸之坎,以就万仞之深。北部湾经济发展的道路尚未结束,道阻且长,既不能一蹴而就,也无法一劳永逸。需要坚持贯彻落实党和国家对北部湾经济发展建设的政策和正确领导,积极适应国内外经济新趋势,深入贯彻新发展理念,北部湾的明天会更好。

5-4 | 广西壮族自治区北海市的银滩